THE UPSIDE OF ADVERSITY

하나님의 타이밍

당신을 들어 쓰기 원하시는
하나님의 준비 과정

| 오스 힐먼 |

그러나 하나님은 내가 가는 길을 다 알고 계신다. 그가 나를 단련하신 후에는 내가 순금처럼 깨끗할 것이다. 나는 그를 충실히 따랐고 그의 길에서 벗어나지 않았으며 그의 명령을 어기지 않았고 그 입의 말씀을 매일 먹는 음식보다 더 소중히 여겼다. 그런데도 나에 대한 그의 태도는 변하지 않고 있으니 누가 감히 그의 뜻을 돌이킬 수 있겠는가? 그는 자기가 원하는 일이면 무엇이든지 하고야 마는 분이시다. 그러므로 그가 나에게 작정하신 일도 반드시 이루실 것이다. 그에게는 이런 일이 얼마든지 있다. 욥 23:10-14, 현대인의 성경

생명의말씀사

THE UPSIDE OF ADVERSITY
by Os Hillman

Copyright © 2006 by Os Hillman
Originally published in the USA by Regal Books,
a division of Gospel Light Publications, Inc.
Ventura, California 93006 U.S.A.
All rights reserved.

Korean Edition published by Word of Life Press, Seoul 2010
Translated and published by permission.
Printed in Korea.

하나님의 타이밍

ⓒ 생명의말씀사 2010

2010년 9월 30일 1판 1쇄 발행
2023년 6월 20일 58쇄 발행

펴낸이 | 김창영
펴낸곳 | 생명의말씀사

등록 | 1962. 1. 10. No.300-1962-1
주소 | 서울시 종로구 경희궁1길 6 (03176)
전화 | 02)738-6555(본사) · 02)3159-7979(영업)
팩스 | 02)739-3824(본사) · 080-022-8585(영업)

기획편집 | 정순화, 김지혜
디자인 | 박인선
인쇄 | 영진문원
제본 | 보경문화사

ISBN 978-89-04-15920-8 (03230)

저작권자의 허락없이 이 책의 일부 또는 전체를
무단 복제, 전재, 발췌하면 저작권법에 의해 처벌을 받습니다.

하나님의 타이밍

당신을 들어 쓰기 원하시는
하나님의 준비 과정

Contents

머리말 / 6

:: 제1부 나와 다른 하나님의 시간표

01 요셉 소명 / 12
02 하나님의 방식 / 29
03 통신 블랙홀 / 51
04 광야 경험 / 69

:: 제2부 지도자를 위한 테스트
05 테스트 1 : 유다 시험 / 88
06 테스트 2 : 성실성 시험 / 104
07 테스트 3 : 인내 시험 / 118
08 테스트 4 : 성공 시험 / 127

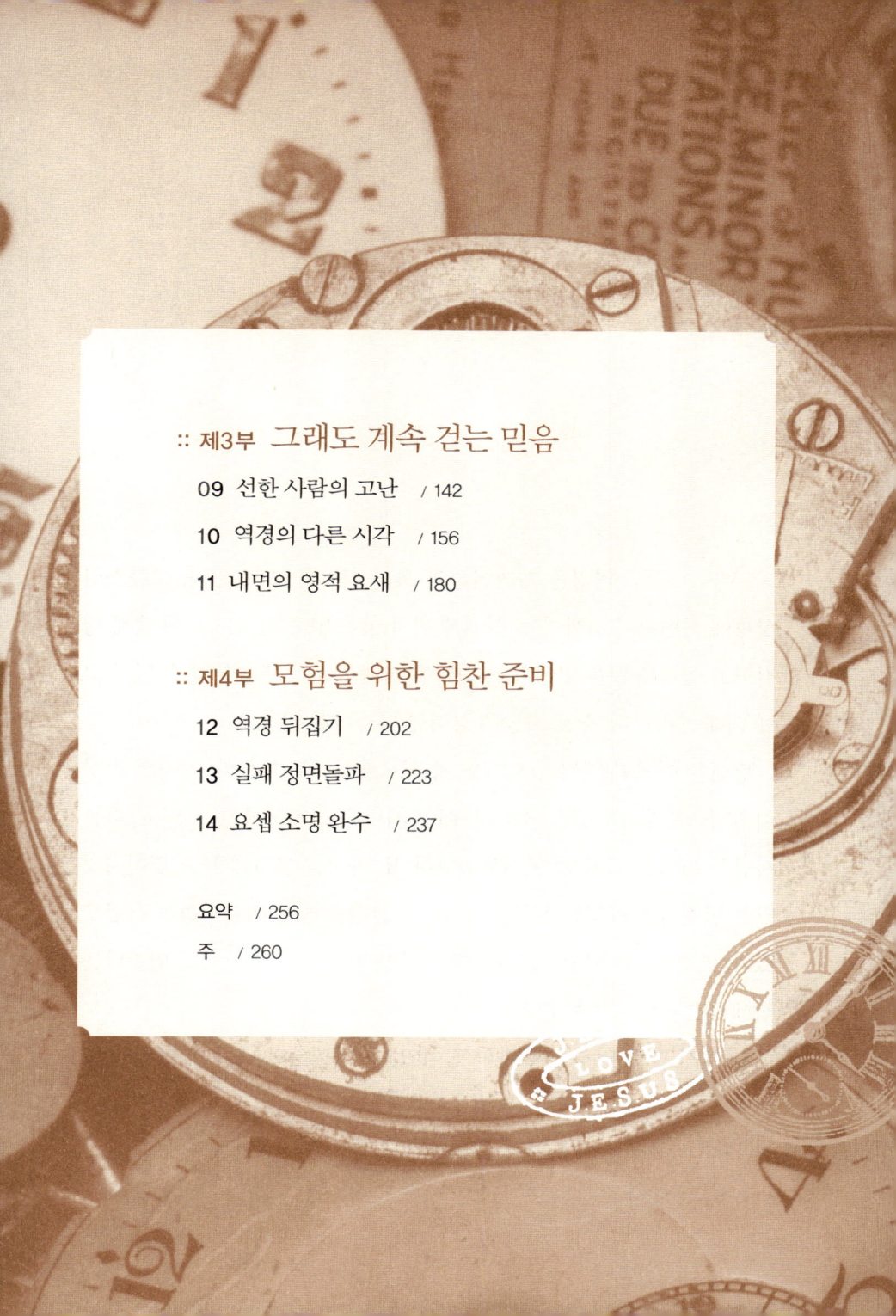

:: 제3부 **그래도 계속 걷는 믿음**

09 선한 사람의 고난 / 142

10 역경의 다른 시각 / 156

11 내면의 영적 요새 / 180

:: 제4부 **모험을 위한 힘찬 준비**

12 역경 뒤집기 / 202

13 실패 정면돌파 / 223

14 요셉 소명 완수 / 237

요약 / 256

주 / 260

:: 머리말

역경을 가까이하려 하는 사람은 별로 없다. 고통스런 상황에 직면하기 전까지는, 역경에 관한 글을 읽고 싶지도 그에 대해 생각하고 싶지도 않은 법이다. 그러다 역경에 처하고서야 어쩔 수 없이 그에 대해 생각한다. 실로 고통은 강력한 자극제가 된다.

당신은 어쩌면 역경의 시기를 지나는 중인지도 모른다. 각자의 역경이 모두 다 같지는 않을 것이다. 어떤 사람은 실직하여 꿈을 잃고, 다른 사람은 취직이 되지 않아 괴로워한다. 또 자녀를 묘지에 묻고 떨어지지 않는 발걸음을 돌리는 부부도 있고, 암 진단을 받아 괴로워하는 사람도 있다. 역경은 그 형태나 크기면에서 다양하다. 하지만 상처를 입힌다는 점에서만큼은 모두 똑같다.

나 역시 그런 역경을 통과한 적이 있다. 이로부터 내가 배운 사실은,

시련의 와중에도 하나님이 늘 함께하신다는 것이었다. 하나님이 우리에게 바라시는 건 그분의 관점에서 역경을 바라보는 일, 그리고 역경을 통과하는 동안 하나님의 창조 목적에 걸맞은 사람이 되는 일이다.

이 책의 핵심 주제는 바로 '요셉 소명'이다. 창세기에서 우리는 요셉이란 사람을 만난다. 13년 동안 그는 배신, 학대, 종살이, 억울한 일, 투옥, 그리고 사랑하는 사람들과의 억지 이별을 포함한 온갖 역경을 겪었다. 하지만 이 모든 시련의 막바지에 이르러 불과 30세이던 요셉은 전 세계에서 두 번째로 영향력 있는 지도자가 되었다. 자기 가족과 민족과 온 세계에 영적·물적 혜택을 제공하는 자가 된 것이다.

한시적인 고통에 이어 장기간 탁월한 사역과 지도력을 발휘하도록 이끌어 가는 이 요셉 소명의 패턴은 많은 사람들의 삶에서 공통적으로 발견되는 현상이다. 나 자신의 삶에서 그리고 수많은 기독교 지도자들의 삶에서 나는 이 현상을 목격했다. 아마 당신도 자신이 현대판 요셉이란 사실을 곧 발견하게 될 것이다.

이 책에는 1994년에서부터 2001년까지 내가 겪었던 7년간의 역경 이야기가 실려 있다. 내 경험을 바탕으로, 나는 역경을 통과함으로써 변화를 입은 사람들에게서 많은 것을 배울 수 있었다. 뿐만 아니라 우리 삶 속의 여러 가지 문제와 장애들을 허용하시는 하나님의 큰 목적에 대해서도 깨달았다. 우리로 하여금 일평생 당신과 다른 이들을 섬기는 삶을 살도록 준비시키시기 위해 하나님은 이러한 역경을 이용하신다.

역경의 시간을 거친 후, 하나님은 내게 세계 15개국 이상을 두루 다닐 만한 새로운 소명과 목적의식 그리고 새 방향을 선사하셨다. 주님은 내 기대를 훨씬 뛰어넘는 더욱 기쁜 결과를 가져다 주셨다. 그러하기에 나는 부디 하나님을 신뢰하며 인내하라고 권면하고 싶다. 당신의 시련은 전혀 무의미한 것이 아니다. 그것은 곧 준비 과정이다. 시련의 끝에는 기쁨이 찾아올 것이다. 부디 하나님이 예비하신 놀라운 미래를 준비하는 과정에서 이 책을 통해 격려를 얻고 또한 각자의 소망이 새로워지길, 기도한다.

_오스 힐먼

THE UPSIDE OF ADVERSITY

> 제1부

나와 다른
하나님의 시간표

요셉 소명

하나님의 방식

통신 블랙홀

광야 경험

01
요셉 소명

요셉이 형들에게 이르매 그의 형들이 요셉의 옷 곧 그가 입은 채색옷을 벗기고
그를 잡아 구덩이에 던지니 그 구덩이는 빈 것이라 그 속에 물이 없었더라

창세기 37:23-24

검은 정장을 입은 남자가 호화로운 거실로 나를 안내했다. 유리창을 통해 워싱턴 시의 전경이 한눈에 들어왔다. "조금만 기다리면 오실 겁니다." 남자는 이렇게 말하고 방을 나갔다.

"주님" 나는 조용히 기도하기 시작했다. "그를 만나고자 애틀랜타로부터 960킬로미터 이상을 날아왔습니다. 하지만 그에 대해 아는 것이 거의 없습니다. 오로지 그의 강연 테이프를 듣고서 이 약속을 했을 뿐입니다. 주님, 주께서 그 테이프를 제 손에 쥐어 주신 데는 무슨 목적이 있을 거라 생각합니다. 부디 제 귀를 여셔서, 그를 통해 전하려던 말씀을 듣게 하소서."

몇 분 후에, 두 사람이 들어왔다. 한 명은 키가 크고 당당했는데, 억양

으로 보아 미국인도 순전한 유럽인도 아닌 듯했다. 다른 한 사람 역시 다소 체격이 컸는데, 미소가 따뜻하고 진실해 보였다. 스웨덴 억양의 그가 먼저 손을 내밀어 내 손을 잡았다. "안녕하세요. 군나르 올슨이라고 합니다."

테이프에서 들었던 바로 그 목소리였다. ICCC(국제기독교 상공회의소)의 설립자이자 대표인 군나르 올슨은 바쁜 사람이었다. 당장 그날도, 밤에 있을 ICCC의 국제회의를 위한 최종 점검이 한창이었다. 상황이 그러한데도 그는 서두르지 않고 느긋했다. 올슨은 옆에 선 ICCC 위원회 회원인 제임스 라킷을 소개해 주었다.

우리 셋은 자리에 둘러앉았다. 늦은 오후, 유리창에 비친 워싱턴의 하늘가에는 점차 어둠이 드리워지고 있었다.

"당신의 얘기를 좀 해 주시죠, 오스." 근나르가 먼저 입을 떼었다.

나는 내 얘기를 간략히 들려주었다. 지난 20년 동안, 나는 매우 성공적인 광고업자였다. 아메리칸 익스프레스, 스타인웨이 피아노, 프리지언 백화점, ADP 페이롤 서비스, 피치트리 소프트웨어 등 쟁쟁한 회사들이 내 고객 명단을 장식했다. 나는 교회 활동에도 적극적이었는데, 특히 남성부의 성경공부 모임을 인도하고 있었다. 사람들은 모두 나를 모범적인 그리스도인 실업가로 생각했다. 하지만 이 모두를 바꿔 버린 일이 일어났다.

1994년 초봄, 나는 개인적으로나 사업적으로 심각한 파탄을 경험했다. 그 결과 결혼 생활이 붕괴되고 경제적으로도 몰락하고 말았다. 그

후 2년간 나는 그리스도인으로서 실패했다는 생각 속에 살아왔다.

"솔직히 말해서, 올슨 씨." 나는 말을 이었다. "주께서 왜 저를 오늘 이곳으로 이끄셨는지조차 잘 모르겠습니다. 제가 아는 건 제가 철저하게 실패했다는 사실뿐이에요. 사업가로서, 남편으로서, 아버지로서, 그리고 그리스도인으로서 전 실패했습니다. 이 말을 하기가 끔찍하더라도, 그건 어쩔 수 없는 사실이지요. 저로서는 하나님께 버림받은 기분입니다." 여기까지 말하고서 나는 목이 메였다.

군나르 올슨과 제임스 라킷은 서로를 바라보며 웃었다. 사실, 나는 내 이야기에 대해 무슨 반응을 보이든 담담히 받아들일 준비가 되어 있었다. 하지만 이런 반응은 너무나 뜻밖이었다. '산산이 부서진 내 삶의 고통을 토로했는데, 지금 이 이야기가 재미있다는 거야, 뭐야?' 불편한 심기가 표정으로 드러났음이 분명하다. 군나르가 재빨리 말을 걸어온 것을 보면 말이다.

"오스, 부디 화내지 마세요. 우리가 웃은 건 당신의 고통에 대해서가 아니라 하나님의 놀라운 사역 방법 때문이랍니다. 우리로서는 주께서 당신과 비슷한 사연을 지닌 사람들을 계속해서 우리에게 보내신다는 사실이 그저 놀라울 따름입니다."

"저와 같은 경험을 한 사람들을 알고 있다구요? 전 제게만 이런 일이 닥쳤다고 생각해 왔어요."

"전혀 그렇지 않아요, 오스." 군나르가 말을 이었다. "사실, 당신의 이야기는 대단히 일반적인 패턴입니다. 나는 그것을 '요셉 소명'이라고 부르지요. 오스, 당신은 실패자가 아니에요. 하나님이 당신에게 요셉 소명을 내리신 겁니다."

"요셉 소명이라구요?"

"간단히 말해 요셉의 경우처럼, 하나님이 어떤 지도자를 통해 엄청난 일을 이루게 하시려고 먼저 심각한 역경을 경험하게 하시는 겁니다. 그 이유가 무엇일까요? 바로 역경이 지도자의 인격을 세우고 지혜를 구비시킨다는 사실을 아시기 때문이지요. 하나님은 사람들의 삶 속에서 이 역경을 선용하십니다. 요셉 소명의 원칙이 바로 이것입니다."

그런 후에 군나르는 성경의 요셉 이야기를 상기시켰다. 요셉은 무고한 상태에서 불행과 학대와 배신과 투옥을 겪어야 했다. 그런데 바로 그 역경의 경험들이 그로 하여금 당대의 가장 위대한 지도자가 되도록 준비시켰던 것이다. 이미 나는 요셉의 이야기를 잘 알고 있었다. 그러나 그의 삶이 제시하는 교훈을 내 자신의 시련에 적용할 줄은 몰랐다.

요셉 소명의 렌즈를 통해 나의 역경을 본 순간, 나의 관점은 완전히 바뀌었다. 더 이상 자신을 하나님께 버림받은 실패자로 보지 않게 된 것이다. 하나님께서 요셉을 대하셨던 것과 동일한 방식으로 나를 대해 오셨음을 비로소 깨닫게 되었다.

그 모든 손실과 실패와 시련들은 지혜롭고 자애로우신 하나님에 의해 허용된 것, 심지어 조화롭게 편성된 것이었다. 그렇다. 사탄은 나의 결혼 실패를 비난하려 들었지만, 도리어 하나님은 상상을 뛰어넘는 지도자의 역할을 맡길 준비를 하고 계셨다.

군나르 올슨과 요셉 소명에 대해 처음 알게 된 때는 1996년 7월이었다. 이후로, 나는 군나르에게서 들은 말들이 모두 사실임을 확인했다. 오늘날 많은 그리스도인들이 이 요셉 소명을 받고 있다. 그들은 끔찍한 역경의 때를 견디거나 거기서 벗어나는 중이다. 그러는 동안 하나님은 경건한 리더십을 향한 도전을 그들에게 제시하신다.

요셉: 역경으로 부르심을 받은 지도자

요셉이 태어났을 때, 그 아버지 야곱의 나이는 대략 90세였다. 야곱의 열두 아들은 서로 경쟁이 치열했는데, 그들 중 열 명은 요셉의 이복형제들이었다. 창세기 37장 3절에는 야곱이 다른 아들들보다 요셉을 더 사랑했다고 기록되어 있다. 야곱은 요셉에게만 정교하게 수가 놓인 옷을 입혔는데 이 같은 아버지의 편애로 인해 형들은 요셉을 미워했다.

그러던 어느 날, 요셉은 두 가지 꿈을 꾸었다. 첫 번째 꿈에서는 형들과 함께 곡식 단을 묶고 있었다. 그런데 갑자기 요셉의 단만이 똑바로 일어서고 다른 단들이 그의 단에 절하는 게 아닌가. 더욱이 두 번째 꿈에서는 해와 달과 열한 별들이 일제히 요셉에게 절을 했다. 그 꿈들은 요셉이 형들마저 다스릴 큰 지도자가 될 것임을 암시했다.

요셉이 형들에게 꿈 얘기를 전하자, 그들은 전보다 더욱 요셉을 미워하기 시작했다. (지도자들은 미래를 내다보는 꿈을 꾸는 자들이다. 그리고 비전을 추구하는 자들은 종종 주위 사람들의 시기심을 유발한다.) 마침내, 시기심에 사로잡힌 형들은 요셉을 살해할 음모를 꾸미기에 이르렀다. "꿈꾸는 자가 오는도다. 자, 그를 죽여 …그의 꿈이 어떻게 되는지를 우리가 볼 것이니라"(창 37:19-20). 형들은 요셉을 붙들어 옷을 벗기고는 구덩이에 던졌다. 바로 그 순간, 요셉은 "역경"이란 것을 경험하게 되었다.

요셉의 형들이 구덩이 곁에서 식사를 하는데, 때마침 애굽을 향하던 미디안 대상이 그 곁을 지나갔다. 이에 요셉의 형 가운데 한 명인 유다가 모두에게 이렇게 제안한다. "나에게 좋은 생각이 있어. 요셉을 죽이기보다는 노예상에게 팔아서 돈이나 버는 건 어때." 은화 20냥에 팔린 요셉은 애굽으로 끌려갔고 무역상들은 애굽 왕 바로의 신하인 보디발에게 요셉을 팔아 넘겼다. 여호와께서 요셉을 형통케 하셨으므로, 보디발은 요셉에게 집안의 종들 전체를 다스리는 임무를 맡겼다(창 39:3-4).

그 무렵, 보디발의 아내가 요셉을 주목하고서 그를 유혹하려 여러 차례 마수를 뻗쳐 왔다. 그러나 성실하고 경건한 젊은이였던 요셉은 단호히 대꾸했다. "내 주인이 집안의 모든 소유를 간섭하지 아니하고 다 내 손에 위탁하였으니 …그런즉 내가 어찌 이 큰 악을 행하여 하나님께 죄를 지으리이까"(창 39:8-9).

요셉의 거부 반응에 화가 난 여자는 도리어 그를 강간 미수범으로 몰아붙였다. 마침내 보디발은 요셉을 붙들어 투옥시켰다. 무고하게 감금된 요셉은 다시 한 번 뼈저린 역경을 맛보아야 했다.

감옥에 있는 동안, 요셉은 감방 친구의 꿈을 해석해 주었다. 바로의 술 관원이었던 그는 자신이 감옥에서 나가면 최선을 다해 요셉을 돕겠노라 약속했다. 며칠 후, 술 관원은 석방되었다. 하지만 약속을 지키기는커녕 요셉에 대해 깡그리 잊어버렸다. 그로부터 고통스러운 2년이 흘렀다. 술 관원은 요셉을 잊었으나 하나님은 결코 그를 잊지 않으셨다. 그분은 장차 다가올 일을 위해 요셉을 준비시키고 계셨던 것이다.

요셉이 감옥에 머무는 동안, 바로는 두 차례에 걸쳐 악몽에 시달렸다. 깜짝 놀라 잠에서 깬 바로는 근심에 사로잡혔고, 현자들을 불러 해몽하도록 지시했다. 하지만 그 꿈을 해석하는 자가 아무도 없었다. 바로 그때, 요셉의 감방 동료였던 술 관원이 요셉을 기억해 냈다. 그는 자기 꿈을 정확하게 해석했던 히브리인에 대해 바로에게 고했다. 이윽고 바로는 요셉을 데려오라고 명했다.

바로를 만나기 전에, 요셉은 먼저 목욕하고 수염을 깎아야 했다. 마침내 바로 앞에 선 요셉은 왕의 꿈을 해석해 냈다. "애굽 땅에 7년간의 풍년에 이어 7년간의 기근이 닥칠 것입니다. 그러니 풍년 기간에 양식을 비축해 둔다면, 7년간의 기근을 무난히 넘길 수 있을 것입니다."

바로는 요셉의 지혜에 큰 감명을 받았고, 불과 30세인 히브리인을 애굽 전역에서 두 번째로 강력한 지도자의 자리에 앉혔다. 요셉보다 더 큰 권세를 지닌 자는 바로 자신뿐이었다. 바로는 자신의 인장 반지를 요셉의 손에 끼워 주는가 하면, 새 관복을 입히며 금목걸이를 걸어 주었다. 그 후로 요셉은 바로의 병거를 타고 다녔다.

요셉이 가나안 땅에서 꾸었던 꿈들은 마침내 애굽 땅에서 이루어졌다. 요셉은 위대한 지도자가 되었으며 그 결과 자신의 형들마저 주관하는 권세를 얻었다. 하지만 요셉의 꿈은 실현되기 전에 먼저 짓밟혀야 했다. 꿈이 실현되기에 앞서 요셉은 배신과 학대와 무고와 억울한 투옥의 시간을 겪어야 했던 것이다.

역경은 힘을 길러 준다

나비를 한번 떠올려 보라. 그것은 스스로 고치를 만드는 애벌레, 곧 풀쐐기로서 그 삶을 시작한다. 몇 주 동안 애벌레는 고치 속에 숨은 채 변태의 과정을 거쳐야 한다. 그러다 어느 시점이 되면, 나비는 고치를 뚫고 나오려고 발버둥을 친다.

이 과정을 지켜보노라면 고치를 찢어서 나비를 도와주고픈 마음이 들 것이다. 그러나 그래서는 안 된다. 고투의 과정을 거치지 않은 나비는 결국 나약해져서 날아오르지 못하기 때문이다. 나비가 하나님이 의도하신 본래 모습을 갖추기 위해서는 반드시 역경의 과정이 필요하다. 우리 역시 그렇다.

욥기는 성경에서 가장 오래된 책으로, 창세기보다 훨씬 이전에 기록되었다고 알려져 있다. 욥은 엄청난 가축과 부동산을 소유한 대단한 사업가이자 경건하고 의롭게 하나님을 따랐던 인물이었다.

욥기 1장에 의하면, 어느 날 사탄이 하나님 앞에 섰고 하나님은 "네가 어디서 왔느냐"고 물으셨다. 그러자 사탄은 "땅을 두루 돌아 여기저기 다녀왔나이다"라고 대답했다. 다시 말해, 사탄이 땅을 두루 다니면서 사람들에게 곤경과 고통과 죄악을 유발했다는 말이다.

하나님은 사탄에게 말씀하셨다. "네가 내 종 욥을 주의하여 보았느냐 그와 같이 온전하고 정직하여 하나님을 경외하며 악에서 떠난 자는 세상에 없느니라"(8절). 하나님이 사탄에게 욥에 대해 먼저 언급하셨음에 유의하라.

이에 사탄이 말을 받았다. "욥이 어찌 까닭 없이 하나님을 경외하리이까. 주께서 그와 그의 집과 그의 모든 소유물을 울타리로 두르심 때문이 아니니이까. 주께서 그의 손으로 하는 바를 복되게 하사 그의 소유물이 땅에 넘치게 하셨음이니이다. 이제 주의 손을 펴서 그의 모든 소유물을 치소서 그리하시면 틀림없이 주를 향하여 욕하지 않겠나이까"(9-11절).

그러자 여호와께서는, "내가 그의 소유물을 다 네 손에 맡기노라 다만 그의 몸에는 네 손을 대지 말지니라"(12절)고 말씀하셨다. 머잖아 사탄이 욥을 가난뱅이로 만들었다. 가축이 약탈 당하고, 종들은 살해되었으며, 욥의 자녀들은 갑작스런 폭풍으로 모두 죽고 말았다. 이 소식을 들은 욥은 겉옷을 찢고 머리털을 밀고서 하나님 앞에 엎드려 고했다.

> 내가 모태에서 알몸으로 나왔사온즉 또한 알몸이 그리로 돌아가올지라 주신 이도 여호와시요 거두신 이도 여호와시오니 여호와의 이름이 찬송을 받으실지니이다(욥 1:21).

하나님이 욥의 가축들을 멸하거나 욥의 자녀를 죽이신 것은 아니다. 다만 하나님은 사탄에게 이런 재난을 허용하셨다. 그리고 이 과정에서 욥은 일종의 요셉 소명을 체험했다. 역경을 통해, 그의 힘과 지혜와 믿음이 성장한 것이다. 하나님에 관한 모든 관점이 시련을 통해 바뀌었다.

우리는 하나님이 우리를 건강하고 부유하며 행복하게 하시는 데에만 관심이 있다고 생각하는 미숙한 단계를 넘어서야 한다. 하나님이 우리를 위해 원하시는 바는 그보다 훨씬 더 광대하다. 그는 우리가 지혜롭고, 성숙하며, 순종적이고, 담대하고, 또한 헌신적이길 원하신다. 요컨대 그리스도를 닮길 원하시는 것이다. 그런데 그리스도를 닮는 길은 역경의 광야와 연결되어 있다.

나의 요셉 소명

1984년에 나는 광고 대행사를 설립했다. 창사 이래 10년 동안 회사는 급성장을 거듭했고, 42세쯤에는 재정적으로 편안해졌다. 이 성공의 시기 동안, 신앙 생활 역시 중요시했다. 나는 회사를 통해 기독교를 증거하고 싶었다. 회사 이름은 '아슬란 그룹 (The Aslan Group)'이라 지었다. 아슬란은 C. S. 루이스의 『나니아 연대기』에 등장하는 그리스도를 상징하는 사자의 이름이다.

그러나 가정에서는 심각한 문제를 겪고 있었다. 결혼 생활 내내 아내와 나는 많은 상담가들을 찾아 해결책을 모색했다. 그러나 1994년 3월,

아내는 별거를 결심했다. 3년 반 동안의 별거는 결국 이혼으로 막을 내렸고 당시 외동딸은 이제 막 십대에 들어서고 있었다.

그런데 별거한 지 얼마 지나지 않아, 사업과 재정 상태에 일련의 파괴적인 위기 상황이 닥쳤다. 가장 먼저, 우리 회사 매출의 70%를 차지하던 가장 큰 거래처에서 7년간의 계약 관계를 끝내기로 결정해 왔다. 설상가상으로 그 거래처는 우리가 방금 마무리 지은 작업을 문제 삼으면서 무려 14만 달러의 대금 지불을 거부하기까지 했다.

그로부터 채 한 달이 되지 않아, 자산 10만 달러를 맡겨 둔 투자 전문 회사가 소송에 휘말렸다. 그 회사의 임원들 중 하나가 횡령을 하는 바람에 투자자들의 돈이 다 날아가 버린 것이다. 몇 주 후엔 또 다른 투자 회사가 망했다. 이번에는 자산 20만 달러뿐 아니라 홀로 계신 어머니가 내 조언을 듣고 투자한 상당한 금액이 날아가버렸다. 특히 어머니의 손실에 대해 나는 견디기 힘든 죄책감을 느꼈다.

사업상의 네 번째 재난은 특별히 더 고통스러웠다. 왜냐하면 신실한 그리스도인 형제가 연루된 사건이었기 때문이다. 그는 우리 광고회사의 부사장으로서, 두 번째로 큰 매출을 담당하고 있었다. 그는 신앙의 동역자로 힘든 시기에 함께 기도하던 사람이었다. 그런데 그가 어느 날 "오스, 광고회사를 따로 차리겠어요"라고 말하는 게 아닌가. 그야말로 충격적인 말이었다. 하지만 더 큰 충격이 나를 기다리고 있었다. 그가 우리 회사의 두 번째로 큰 거래처를 가로채 간 사실을 알게 된 것이다.

이 모든 개인적인 그리고 사업상의 재난들이 불과 몇 달 사이에 들이닥쳤다. 겨우 몇 달 사이에 내 꿈과 자아상이 산산이 부서져 버렸다. '왜 하나님이 나를 버리셨을까' 하는 질문만이 마음에 맴돌았다. 좌절의 눈물을 흘리지 않는 날이 단 하루도 없었다. 친구와 대화를 하다가도 말문이 막혀 울음을 터뜨린 적이 한두 번이 아니었다.

이혼 후 첫 해 동안, 나는 마치 곳곳에 구멍이 난 보트를 손으로 젓고 있는 기분이었다. 회사를 살려 내려고 발버둥 치는 한편, 12살인 딸과의 관계를 유지하려 애썼다. 그 애는 나보다 훨씬 더 고통스러워했다.

처음 약 3주간은 딸과의 관계가 완전히 무너지는 듯했다. 이혼한 아내의 영향으로 인해 나를 바라보는 딸의 시각이 잔뜩 뒤틀렸기 때문이다. 그 무렵에 나는 '딸과의 관계를 다시 회복할 수 있을까' 하는 불안감에 시달렸다.

고통이 너무 심해 하나님의 존재마저 의심하고 말았다. 그런데 역설적이게도, 나는 하나님의 존재를 의심하는 동시에 그분께 화를 내고 있었다. 상황이 악화될수록 분노는 더욱더 깊어만 갔다. 나는 이 모든 재난과 비극을 불러온 아내와 투자 회사들, 그리고 이전의 사업 동료를 마구 욕했다. 하나님마저 비난하는 지경이었다.

차차, 나는 내 자신이 통제적인 인격의 소유자임을 알게 되었다. 통제적인 사람은 대개 두려움과 교만이라고 하는 두 가지 요인에 의해 움직인다. 만일 자신이 모든 상황을 컨트롤하지 않으면, 내 삶이 엉망이 되리라는 두려움을 지닌 채 살아가는 타입이다. 나는 다른 사람들에게 중요한 일이나 결정을 맡기길 주저했다. 그들이 나만큼 일을 처리하지 못할까봐 두려웠기 때문이다.

무엇보다 나는 하나님께 내 삶을 온전히 통제하시도록 내맡기길 두려워했다. 두려움에 기초한 컨트롤 중독증이 결혼 생활을 멍들게 했음을 지금에 와서야 깨닫는다.

동시에 교만에 기초한 통제 심리 역시 문제였다. 나는 공적인 이미지, 즉 기독교 가정을 이루고 있는 성공한 사업가의 이미지를 유지해야 했다. 나에게 결함이 있거나 무기력한 분야가 있다는 사실을 아무에게도 드러낼 수 없었다. 내 결혼 생활과 사업이 실패하고 있다는 사실이 알려지는 걸 견딜 수 없었기 때문이다. 그래서 아내와 화해하고자 온갖 노력을 다했지만 아내는 꿈쩍도 하지 않았다. 마찬가지로 잃은 투자금을 회복하려고 발버둥을 쳤지만 회복될 가능성은 전혀 보이지 않았다.

내 삶은 통제 불능 상태로 무너지고 있었다. 나는 소중한 모든 것을 잃고 말았다. 결혼 생활, 딸과의 관계, 사업, 부요한 생활, 자존감, 꿈, 그리고 신앙심을 모조리 잃어버렸다. 더 이상 살아야 할 이유가 없었다. 심지어는 교통사고를 당해 가족에게 보험금 50만 달러를 타게 하려는 마음까지 먹었다.

이 '요셉 구덩이'와 같은 역경은 1994년 3월에 시작되어 2001년 3월까지 정확히 7년간 계속되었다. 이 시기 동안, 하나님은 많은 사람들을 만나게 하셨다. 그들은 내 곁에서 함께 걸었고, 내 삶 가운데 진행되는 하나님의 사역을 이해하도록 도와주었다. 그 7년의 막바지에서, 하나님은 내 삶의 모든 측면을 다 회복시키셨다. 그리고는 완전히 새로운 삶의 이유를 깨닫도록 해 주셨다.

독자의 요셉 여정

수많은 이들의 여정이 나와 비슷함을 알기에, 나는 이 책을 쓰고자 한다. 역경을 당하는 동안 하나님께 버림받은 느낌이 들 것이다. 어쩌면 지금 당신은 구덩이 속에 내던져져 있는지 모른다. 그럴지라도 놀라운 미래를 위해 우리를 단련시키시고자 하나님이 그 역경을 선용하고 계시다는 사실을 기억하기 바란다.

지난날을 돌아보면, 요셉 소명을 이해하는 사람들은 극소수였다. 목사들이나 사업가들도 이를 알지 못했다. 나 역시 워싱턴에서 군나르의 설명을 듣기 전까지는 이를 이해하지 못했다. 하지만 이젠 어디서든 이 메시지를 전하고자 한다.

그래서 나는 강연이나 연수회를 통해 매번 이 진리를 나눈다. 내가 요셉 소명에 대해 말할 때마다, 사람들은 내게로 와서 이렇게 말한다. "이런 말을 예전엔 결코 들어 보지 못했어요. 나 혼자만 이런 고통을 당하는 기분이었죠. 정말이지 하나님이 내게서 등을 돌리셨다고 생각했답니다."

하나님은 군나르 올슨을 나의 생명줄로 쓰셨다. 그리고 이제는 다른 사람들의 생명줄로 나를 사용하고 계심을 목격한다. 만일 내가 역경의 구덩이를 통과하지 않았다면, 결코 이런 사역을 감당할 수 없었을 것이다. 이 순간 나는 고통과 상실의 경험을 통해 배운 것들을 기뻐한다. 이전에는 절망의 구덩이로만 보였던 것이 이제는 사역의 발판이 되었기 때문이다.

당신의 구덩이는 어떠한가? 얼마나 깊은가? 얼마나 넓은가? 얼마나 캄캄한가? 얼마나 고통스러운가? 요셉 구덩이들은 저마다 다르다. 당신의 구덩이는 실직, 경제적 파탄, 결혼 생활의 위기, 사랑하는 이와의 사별, 건강 상실, 혹은 이 밖의 수많은 시련이나 재난들로 점철되어 있을지도 모른다.

그런데 모든 요셉 구덩이에서 공통적으로 발견되는 것이 하나 있다. 바로 우리의 삶이 저지 당하고, 자신의 상황을 컨트롤할 수 없으며, 노 없는 뗏목에 실려 불확실의 바다를 떠다니는 듯한 느낌을 갖게 된다는 사실이다. 요컨대 처음으로, 우리는 전적으로 하나님과 다른 사람들에게 의존할 수밖에 없게 되는 것이다.

만일 지금 그런 기분에 휩싸여 있다면, 당신의 미래를 향한 소망을 제시해 주고자 한다. 바로 하나님이, 당신으로 하여금 이 여정을 개시하게 하셨다. 욥이나 요셉, 다니엘 그리고 바울과 같은 인물들의 삶에 동참하도록 하신 것이다. 이들은 역경을 겪은 후에 새 성품과 더 강력한 리더십을 갖추게 되었다.

　군나르 올슨을 통해 하나님이 내게 주신 이 메시지를 당신에게도 전하고 싶다. 당신에게는 요셉 소명이 있다. 이 역경의 때에, 하나님이 당신을 단련시키신다. 그분이 놀라운 방법으로 당신을 사용하시려 준비하고 계신다. 마침내 그분은 당신의 아골 골짜기(역경)를 소망의 문으로 뒤바꾸어 놓으실 것이다.

깊은 영성을 위한 질문들

01. 위기에 처했을 때, 당신은 어떤 반응을 보이는가? 혹은 어떻게 반응하고 싶은가?

02. 요셉의 여정과 당신의 여정 사이에 어떤 유사점이 있는가? 그 유사점으로부터 얻는 교훈이나 격려는 무엇인가?

03. 현재 겪고 있는 역경 때문에 분노하거나 누군가에게 화를 낸 적은 없는가? (하나님, 당신 자신, 배우자, 다른 가족 구성원, 교인 등)

04. 당신은 지금 어떤 내용의 기도를 드리고 싶은가? 다른 이들로부터 어떤 기도를 지원 받길 원하는가? 당신이 처한 곤경을 신실한 그리스도인 친구들에게 이야기하면서 기도 후원을 부탁한 적이 있는가?

02
하나님의 방식

네게는 여호와의 영이 크게 임하리니
너도 그들과 함께 예언을 하고 변하여 새 사람이 되리라
사무엘상 10:6

군나르 올슨이 키프로스에서 열린 국제 기독교 지도자 모임에 나를 초청했을 때, 나는 그저 웃을 수밖에 없었다. 때는 1998년이었고, 내가 요셉 구덩이에 빠진 지 4년째 되던 해였다. 택시 요금도 지불할 수 없는 형편에 어떻게 키프로스 행 비행기를 탄단 말인가? 게다가 나는 키프로스가 어디에 있는지조차 몰랐다. 지도를 보고서야 그곳이 터키 남동부 지중해에 위치한다는 사실을 알았다. 아무튼 키프로스로 가는 일은 전적으로 불가능해 보였다.

그런데 바로 다음날, 한 남자가 내게 전화를 걸어 왔다. 두세 달 전에 만났던 그는 "내일 뭐하실 건가요?" 하고 대뜸 물어 왔다.

"사무실에서 일해야죠, 뭐." 나는 대수롭지 않게 대답했다.

"그럼 저와 함께 공항에 가지 않을래요? 당신과 의논하고 싶은 일이 있어서요."

나는 동의했고, 다음날 우리는 함께 공항으로 향했다.

"실은 친구를 마중하러 가는 길이예요. 그 친구는 키프로스에서 선교사로 일하는데, 3월에 군나르 올슨과 함께 집회를 주최할 예정이랍니다. 혹시 그 집회에 대해서 들어 본 적 있으세요?"

나는 깜짝 놀랐다. 그리고는 군나르를 통해 그 행사에 초청 받았노라고 이야기했다.

"그래요? 선생님은 정말 가셔야겠군요! 우리가 그 집회에 사업가들도 초청할 계획을 세우고 있거든요. 사실 바로 선생님께 사업가들을 위한 연수회를 인도해 달라고 부탁하려고 했습니다. 물론 여행 경비와 사례금은 드리겠습니다. 어떠세요?"

정말 놀랄 일이었다. 내가 키프로스로 가게 되다니! 하나님이 당신의 임재를 내게 확신시키시고자 기적적인 방법으로 일을 진행하시는 것이 분명했다.

그런데 여행을 떠나기 바로 몇 주 전, 나는 다른 사업가들이 연수회에 참석하지 못하게 되었다는 소식을 전해 들었다. 자연스레 내 여행도 취소되었다. '그래, 거기 가는 건 하나님의 뜻이 아니었을 거야.' 나는 그렇게 생각해 버렸다.

하지만 며칠 후, 클라크라는 친구가 1,500달러의 후원금에 대해 말을 꺼내자 이야기가 달라졌다. 나더러 자신의 교회를 대표해서 키프로스에 가 달라는 것이다. 그야말로 더 놀라운 상황이었다. 더욱이 나는 그 교회에 다니지도 않았다. 이런 연유로 1998년 3월, 결국 나는 키프로스에서 열린 사역자 집회에 참석하게 되었다.

그런데 집회 중에 한 사람이 내게 오더니 갑자기 이렇게 말을 건넸다. "주께서는 하늘에 마련된 상급을 얻게 하시려고 당신에게 일시적인 파탄을 허용하셨습니다." 나는 이전에 그 남자를 만난 적이 없었고, 그 역시 나에 대해 아무것도 몰랐다. 더욱이 그는 영국인이고 나는 미국인이었다. 하지만 하나님은 내게 필요한 메시지를 그에게 알려 주셨다.

지난 4년간의 상황에 비추어 보건대 그의 말은 내게 너무나 딱 들어맞았다. 우리는 잠깐 대화를 나누었는데, 그가 자신의 역경을 이야기하자 서로의 마음이 연결됨을 느낄 수 있었다. 그는 자신이 저지르지 않은 범죄로 인해 무고한 옥살이를 견뎌야 했으나, 하나님은 그 경험을 통해 주께 더 가까워지도록 그를 도우셨다. 우리는 기도로써 대화를 마무리했다.

리더십으로 이끄시는 하나님의 통로

리더십으로 이끄는 통로는 거의 언제나 역경의 골짜기를 통과하게 되어 있다. 우리는 이 원칙을 요셉의 이야기뿐 아니라 신·구약 성경의 많은 지도자들에게서도 발견할 수 있다. 모세는 호화로운 궁전에서 자랐지만, 어쩔 수 없이 도주하여 40년을 광야에서 지냈다. 그런 후에야 비로소 하나님은 불타는 떨기나무 앞으로 모세를 불러 히브리 민족의 지도자로 세우셨다. 여호수아 역시 젊을 때는 애굽에서 노예로 지냈고, 중년 이후에는 모세 곁에서 광야를 배회했다. 하나님이 가나안 정복을 앞두고 이스라엘 군대의 지도자로 여호수아를 부르셨을 때, 그는 이미 역경과 매우 친숙해진 상태였다. 선지자 다니엘은 바벨론 궁정에서 권세와 영향력을 떨치기 전, 풀무불과 사자 굴을 통과해야 했다. 다윗, 이사야, 아모스, 호세아, 그리고 구약의 다른 지도자들의 삶 역시 이와 동일한 패턴을 가지고 있다.

심지어 신약 성경을 보면, 예수님마저 광야에서 배고픔과 목마름, 그리고 사탄의 시험과 훼방을 당하셔야 했다. 그런 후에야 주님은 공적 사역을 시작하실 수 있었다. 또 주님의 제자들도 교회를 세우는 지도자가 되기 이전에, 스승을 잃고 신앙적으로나 인격적으로 실패를 겪어야 했다. 빈 무덤을 발견하기 전까지는 캄캄한 좌절의 시기를 견뎌야 했다.

바울은 어떤가? 그는 다메섹 도상에서 시력을 잃었다. 바울에게 역경은 평생의 친구였다 해도 과언이 아니다. 세 차례 태장으로 맞고, 한 번 돌에 맞고, 세 번이나 파선을 당했으며, 매를 맞아 죽기 직전까지 간 것만도 다섯 차례였다. 노상강도들, 부패한 종교 지도자들, 로마의 압제자들로 인해 그는 부단히 위기에 처했다. 그러나 이 모든 역경에도 불구하고 바울은 이렇게 결론지었다.

우리가 사방으로 우겨쌈을 당하여도 싸이지 아니하며 답답한 일을 당하여도 낙심하지 아니하며 박해를 받아도 버린바 되지 아니하며 거꾸러뜨림을 당하여도 망하지 아니하고 우리가 항상 예수의 죽음을 몸에 짊어짐은 예수의 생명이 또한 우리 몸에 나타나게 하려 함이라(고후 4:8-10).

『천로역정』의 저자 존 번연은 가난한 집에서 자라 독학으로 글을 배웠다. 젊은 시절 그는 하나님께 용서 받지 못할거란 생각에 시달렸으며, 영벌에 대한 환상 때문에 괴로워했다. 경건한 아내가 이 두려움을 극복하게 도와주었지만, 그녀는 20대의 나이에 갑작스런 질병으로 세상을 떠났다. 슬픔에 사로잡힌 번연은 설교에 헌신했다. 그러나 영국 정부는 허락 없이 설교한다는 죄목으로 그를 여러 차례 투옥시켰다.

한번은 3개월 형을 선고 받았는데, 설교를 계속하겠다고 말하는 바람에 형기가 12년으로 늘어나 버렸다. 요셉이 그랬듯 존 번연도 옥살이를 하는 동안 하나님의 임재를 특별한 방식으로 체험했다. 불후의 고전인 『천로역정』을 쓴 것도 바로 감옥에서였다. 이 책은 역경의 불로 연단 받은 영혼만이 쓸 수 있는 책이었다. 하나님은 언제나 범사를 주관하고 계시며, 우리의 삶을 통해 당신의 목적들을 이루어 가신다. 시편 기자는 이 원칙이 요셉의 삶에서 어떻게 작용했는지를 다음과 같이 묘사했다.

그가 또 그 땅에 기근이 들게 하사 그들이 의지하고 있는 양식을 다 끊으셨도다 그가 한 사람을 앞서 보내셨음이여 요셉이 종으로 팔렸도다 그의 발은 차꼬를 차고 그의 몸은 쇠사슬에 매였으니 곧 여호와의 말씀이 응할 때까지라 그의 말씀이 그를 단련하였도다 왕이 사람을 보내어 그를 석방함이여 뭇 백성의 통치자가 그를 자유롭게 하였도다 그를 그의 집의 주관자로 삼아 그의 모든 소유를 관리하게 하고 그의 뜻대로 모든 신하를 다스리며 그의 지혜로 장로들을 교훈하게 하였도다(시 105:16-22).

우연이란 존재하지 않는다

구약 성경의 사울 왕 이야기는 하나님이 역경을 선용하신 또 다른 사례다. 사무엘상 9장과 10장에 의하면, 사울은 아버지 기스의 뜻에 따라 가업을 도왔다. 그 가업이 어떤 것인지 자세히 밝혀져 있진 않지만 아마도 나귀와 관련된 사업이었던 것으로 보인다. 성경 시대에 나귀는 교역과 상업을 중계하는 주요 운송 수단이었다.

나귀 몇 마리를 잃은 기스는 아들 사울에게 하인과 함께 가서 찾아오라고 명했다. 사울과 하인은 여기저기를 돌아다녔으나 나귀들을 찾지 못한 채 며칠을 보냈다. 이에 사울은 아버지가 자기들을 염려할 것이 걱정이 되어 되돌아가고자 했다. 그때 하인이 요즘 식으로 말하면 자문을 구하자는 제안을 했다. 이에 동의한 사울과 하인은 하나님의 사람이 있다는 성으로 발걸음을 옮겼다(삼상 9:6).

그런데 그들이 막 성으로 들어가려 할 때 길에서 사무엘과 마주쳤다.

이 일은 전혀 우연이 아니었는데, 이미 전날 하나님께서 사무엘에게 "내일 이맘때에 내가 베냐민 땅에서 한 사람을 네게로 보내리니 너는 그에게 기름을 부어 내 백성 이스라엘의 지도자로 삼으라"(16절)고 말씀해 두셨기 때문이다. 사무엘이 사울과 가까워질 때에도 하나님은 다시 한 번 "보라 이는 내가 네게 말한 사람이니 이가 내 백성을 다스리리라"(17절)고 알려 주셨다.

사울은 사무엘에게로 다가가 "선견자의 집을 가르쳐 달라"고 부탁했다. 이에 사무엘은 자신이 바로 그 선견자라고 답한다. "내가 선견자니라 …너희가 오늘 나와 함께 먹을 것이요 아침에는 내가 너를 보내되 네 마음에 있는 것을 다 네게 말하리라"(19절). 그러나 사무엘의 예언을 들은 사울은 선지자가 뭔가 착각했다고 여기면서 이렇게 대답했다. "나는 이스라엘의 모든 지파들 가운데 가장 작고 미약한 베냐민 지파 출신입니다. 우리 지파에서는 왕이 배출된 적이 한 번도 없습니다. 그런데 어찌하여 당신은 그리 말씀하십니까?"

사울은 제 자신에게 민족을 이끌 만한 자격이나 역량이 없다고 느꼈다. 하지만 사무엘은 그런 사울에게 기름을 부어 이스라엘의 왕으로 삼았다. 요컨대 사울은 나귀를 잃어버리는 사업상의 실패를 거쳐 지도자의 자리에 올랐던 것이다.

그러는 동안 하나님은 사울의 모든 여정을 주관하셨다. 하나님이 나귀들을 잃게 하셨으므로 사울은 그것들을 찾아나서야 했다. 또한 사울이 나귀 찾는 일을 포기하려 했을 때에, 하인의 마음을 움직여 인근 성읍에 사는 선지자를 찾아갈 것을 제안토록 하셨다. 뿐만 아니라 하나님은 그 선지자로 하여금 사울을 기다리게 하셨다. 이처럼 하나님의 계획은 한 치의 오차도 없이 실현된다. 우리 삶에서도 마찬가지다.

하나님은 우리를 목적지로 이끌 정확한 계획안을 갖고 계신다. 우리 자신이 굳이 무슨 일들을 꾸리려 애쓸 필요가 없이 하나님은 친히 그 계획대로 주관하신다. 만일 요셉 구덩이를 통과하는 중이라면, 자신은 상상조차 할 수 없는 사역을 하나님이 당신을 위해 계획하고 계심을 자각하라. 온 마음을 다해 하나님께 매달리기만 하면 된다.

거짓 겸손

그렇다면 하나님의 소명에 대한 사울의 반응을 좀더 자세히 살펴보자. 하나님이 왕으로 택하셨다는 말을 들었을 때 사울은 다음과 같이 대답했다. "나는 이스라엘 지파의 가장 작은 지파 베냐민 사람이 아니니이까. 또 나의 가족은 베냐민 지파 모든 가족 중에 가장 미약하지 아니하니이까. 당신이 어찌하여 내게 이같이 말씀하시나이까"(삼상 9:21).

얼핏 보기에 겸손한 반응처럼 보인다. 사울이 수줍어하면서 "나는 보잘것없는 베냐민 지파 사람이에요. 왕이 될 자격이 전혀 없습니다"라고 대답하는 것만 같다.

그러나 사울은 진정으로 겸손한 반응을 보인 것이 아니다. 그가 보인 반응은 거짓된 겸손이었다. 참된 겸손은 하나님을 섬기길 갈망하며 그 말씀에 순종하는 것이다.

아직 어린 사무엘을 하나님이 부르셨을 때, 사무엘은 "말씀하옵소서 주의 종이 듣겠나이다"(삼상 3:10)라고 응답했다. 하나님이 당신의 메시지를 이스라엘에게 전하게 하시고자 이사야를 부르셨을 때, 이사야는 "내가 여기 있나이다 나를 보내소서"(사 6:8)라고 응답했다. 또한 하나님이 구주의 모친으로 삼기 위해 마리아라는 젊은 여자를 부르셨을 때, 마리아는 주저하지 않고 "주의 여종이오니 말씀대로 내게 이루어지이다"(눅 1:38)라고 응답했다.

그러나 사울은 이와는 전혀 다른 반응을 보였다. 그는 거부 의사와 거짓 겸손을 나타냈다. 그의 반응은 참된 믿음의 결여와 교만을 드러낸다. 진정한 믿음은 상상하기 힘든 일마저 하나님이 이루시리라 믿는 믿음을 가리킨다. 반면에 거짓된 겸손은 이렇게 말한다. "아닙니다, 주님. 저는 제 방식대로 사느라 바쁩니다. 주님의 말씀이 감사하지만, 저는 그냥 제 갈 길을 가겠습니다. 그 일일랑 다른 사람에게 맡기시기 바랍니다."

하나님이 우리를 다듬으실 때 제일 먼저 하시는 일은 자아중심적인 생각을 제거하는 것이다. 그는 우리를 뒤집어엎고, 흔들며, 겸비케 하고, 또한 엎어뜨리신다. 그분이 원하시는 건 우리의 기술이나 재능, 능력이 아니다. 그분은 기술이나 재능 면에서 우리를 능가하는 수많은 이들을 알고 계신다. 그가 원하시는 것은 오직 우리의 헌신된 마음이다.

사울은 이스라엘의 왕위에 앉아야 할 날에 종적을 감추었다(삼상 10:22).

왜 그랬을까? 자기 삶에 대한 하나님의 계획을 의심했기에 숨어 버린 것이다. 사울은 하나님의 무한하신 능력에 초점을 맞추는 대신 자신의 한계를 바라보았다.

우리 역시 사울과 흡사하지 않은가? 우리도 하나님의 능력보다는 자신의 연약함에 초점을 맞춘다. 죄책감과 후회, 과거의 실패와 죄악들, 예전의 정서적 상처들 틈에 스스로를 숨긴다. 그러나 하나님은 당신 자신의 한계를 넘어 하나님의 무한하신 능력을 체험하게끔 우리를 도우신다.

다른 사람이 됨

『하나님을 경험하는 삶』의 저자 헨리 블랙커비는 "하나님과 동행하는 사람은 현재의 위치에 그대로 머무를 수 없다"고 했다. 그렇다. 하나님이 우리를 새로운 방향으로 움직이실 때마다 우리는 계속 변해야 한다. 안전지대에서 나오지 않으면 가치 있는 일이 실현되지 않는다. 하나님의 마음에 합한 사람이 되기 위해서는 우리를 새롭게 고치시는 하나님의 손길을 허용해야 한다. 우리는 이 진리를 사울의 생애에서 찾아볼 수 있다.

사무엘은 사울에게 기름을 부은 후에 "네게는 여호와의 영이 크게 임하리니 너도 그들과 함께 예언을 하고 변하여 새 사람이 되리라"(삼상 10:6)고 예언했다. 생각해 보라! 하나님의 영이 사울을 전혀 다른 사람으로 변화시켰다. 옛 사울이 사라지고 왕이 될 새 피조물이 되었다.

하나님은 바로 우리의 삶 속에서도 그와 같은 일을 행하길 원하신다. 우리를 고쳐서 예수 그리스도의 성품을 드러내게 하시길 원하신다. 우리가 현 상태에 머무른다면, 우리 삶을 위한 하나님의 계획이 실현될 수 없다. 그러므로 바울은 이렇게 권면한다. "너희는 이 세대를 본받지 말고 오직 마음을 새롭게 함으로 변화를 받아 하나님의 선하시고 기뻐하시고 온전하신 뜻이 무엇인지 분별하도록 하라"(롬 12:2).

하나님이 우리를 변화시키실 때, 그분은 새로운 파트너십 즉 세상에서 당신의 목적을 실현할 팀을 만드시는 것이다. 그러므로 이스라엘의 왕으로 즉위했던 사울은 절대 군주가 된 것이 아니라, 여호와 하나님과 선지자 사무엘을 포함하는 3자간 파트너십의 일원이 되었던 것이다.

우리 역시 마찬가지다. 하나님께 온전히 순복할 때에야 비로소 새로운 파트너십의 일원이 될 수 있다. 다시 말해 성부 하나님, 성자 예수님, 성령님 그리고 우리 사이의 친밀한 관계 말이다. 우리들 각자는 자기 삶의 군주가 아닌 한 팀의 구성원이며 하나님께 순종하는 사람들이다.

부르심을 확증하시는 하나님의 방법

하나님이 새로운 방향으로 우리를 부르고 계심을 어떻게 알 수 있을까? 새 방향으로 몰아가고 계심을 느낀다 할지라도, 그 느낌이 사실이란 것을 어찌 알 수 있을까? 혹시 자신의 감정에 휩쓸리고 있는 건 아닐까? 아니면 하나님의 뜻을 오해하고 있는 건 아닐까?

이는 중요한 질문들이다. 우리 삶에 어떤 새로운 일이 일어난다면, 우리는 그것이 하나님께로부터 비롯되었음을 알 필요가 있다. 다행히 하나님은 부르심을 확증하는 방법을 제시하셨다. 바로 사울의 이야기를 통해 하나님이 어떻게 당신의 뜻을 확증하시는지를 엿볼 수 있다.

> 이에 사무엘이 기름병을 가져다가 사울의 머리에 붓고 입맞추며 이르되 여호와께서 네게 기름을 부으사 그의 기업의 지도자로 삼지 아니하셨느냐 네가 오늘 나를 떠나가다가 베냐민 경계 셀사에 있는 라헬의 묘실 곁에서 두 사람을 만나리니 그들이 네게 이르기를 네가 찾으러 갔던 암나귀들을 찾은지라 네 아버지가 암나귀들의 염려는 놓았으나 너희로 말미암아 걱정하여 이르되 내 아들을 위하여 어찌하리요 하더라 할 것이요(삼상 10:1-2).

사울로서는 하나님이 자신을 왕으로 택하셨음을 알 만한 증거가 오직 사무엘의 말뿐이었다. 그래서 사울은 사무엘이 진정 하나님의 선지자인지 아니면 광야의 뜨거운 햇빛을 너무 오래 쬔 미치광이에 불과한지를 확인해 둘 필요가 있었다. 이에 하나님은 사무엘이 진정 하나님의 대변자임을 사울에게 확신시킬 증거를 제시하셨다. 즉 사울이 잃어버렸던 나귀들을 되찾아 주심으로써 사무엘의 말과 사울의 소명을 확증하신 것이다.

사울이 해결하려 애쓰던 문제를 하나님이 직접 해결해 주셨다. 이제 사울은 자신의 문제를 해결 받았을 뿐만 아니라 삶의 새로운 목적도 갖게 되었다.

사울에게 그러셨듯이 하나님이 당신의 세계를 흔들고 계시지는 않는가? 당신의 삶에 중요한 변화가 생기지는 않았는가? 하나님이 새로운 소명을 제시하신다고 느끼는가? 그렇다면 이 중요한 시기에 하나님이 당신의 삶에 소개하시는 사람들에게 유의하라.

당신의 생각과 비전과 의문들을 성령의 인도에 민감한 사람들과 더불어 상의하라. 당신을 위해 기도하는 이들에게 물으라. 지혜와 확신을 주는 말들을 경청하라. 그러한 조언으로부터 하나님의 음성을 자각할 수 있도록 도와달라고 간구하라. 그리고 하나님이 뜻을 확증하실 때, 담대히 일어나라! 예전엔 꿈도 꾸지 못했던 방식으로 당신을 들어 쓰시는 하나님께 순종하라.

속박의 땅에서 약속의 땅으로

새 사람이 되는 일은 회심으로 가는 긴 여정의 일부다. 그리스도께로 나아가기 전에 우리는 (비유적인 의미로) 속박의 땅 애굽에서 살았다. 이스라엘 백성이 애굽에서 고된 종살이를 했던 것처럼, 우리 역시 죄와 세상적인 야심의 종이 되어 살아 왔다. 사도 바울은 이렇게 말한다.

하나님께 감사하리로다 너희가 본래 죄의 종이더니 너희에게 전하여 준 바 교훈의 본을 마음으로 순종하여 죄로부터 해방되어 의에게 종이 되었느니라 (롬 6:17-18).

그리스도께 가기 전, 우리는 출세와 물질적 풍요를 얻으려 땀 흘리며 애썼다. 일은 우리의 우상이었고, 탐욕이 우리의 감독이었다. 사업상으로는 성공을 거두었을지 모른다. 그러나 진실로 우리는 애굽 땅에서 종살이를 하던 중이었다. 우리가 출세를 몰아간 것이 아니라 출세가 우리를 몰아갔기 때문이다.

한번은 예수님께서 "하인이 두 주인을 섬길 수 없나니 …너희는 하나님과 재물을 겸하여 섬길 수 없느니라"(눅 16:13)고 말씀하신 적이 있다. 원문의 "재물"에 해당하는 말은 아람어 '맘몬(Mammon)'인데, 이 단어는 교환 수단으로서의 돈은 물론 권력과 세상적인 이득을 추구하는 마음 상태까지를 포괄적으로 가리킨다.

특히 원문에서 이 단어는 대문자로 표기되어 있는데, 예수님 당시의 사람들이 맘몬을 헛된 신으로 숭배했기 때문이다. 요컨대 예수님은 세상적인 이득을 추구하느라고 삶을 허비하는 자를 우상 숭배자와 동일하게 보셨던 것이다.

자유를 얻을 유일한 방법은 맘몬으로부터 돌이켜 우리를 변화시키시는 참되신 하나님께 스스로를 맡기는 것뿐이다. 그럴 때 종노릇에서 벗어나 시편 기자가 말하는 안식을 얻게 된다.

> 너희가 일찍이 일어나고 늦게 누우며 수고의 떡을 먹음이 헛되도다 그러므로 여호와께서 그의 사랑하시는 자에게는 잠을 주시는도다(시 127:2).

우리가 그리스도를 더욱 닮아 간다는 증거는 자신의 욕구와 이득에 덜 집착하기 시작한다는 것이다. 말하자면 우리가 자신에 대해, 자신의 욕구에 대해, 자신의 야심에 대해 죽는 것이다.

우리가 자아에 대해 죽고 하나님께 전적으로 복종하면, 이전보다 더 큰 물질적 축복과 성공을 얻기도 한다. 그러나 때로는 정반대로 실패와 손실을 겪을 수도 있다. 로마서 6장 4절은, 우리가 세례를 통해 그리스도와 함께 장사되고 그 후에는 부활에 이르게 된다고 말한다.

또 히브리서 11장 39절은, 많은 신자들이 이생에서는 하나님의 약속 성취를 보지 못하나 내생에서는 완벽한 성취를 볼 것이라고 이야기한다. 요컨대 우리가 이생에서나 내생에서 회복을 경험할 것인지의 여부는 우리를 향하신 하나님의 궁극적 목적에 달려 있다는 것이다.

만일 우리가 진정으로 그리스도를 닮아 가는 중이라면, 성공이나 실패, 안락함이나 스트레스에 상관없이 평정을 유지할 것이다. 이미 상황에 대해 죽은 우리가 오직 그리스도 안에서 살아 있기 때문이다.

죽은 사람은 염려할 수가 없다. 죽은 사람은 스트레스를 받을 수도 없다. 죽은 사람은 아무런 걱정을 하지 않는다. 예수께서 "아무든지 나를 따라오려거든 자기를 부인하고 날마다 제 십자가를 지고 나를 따를 것이니라 누구든지 제 목숨을 구원하고자 하면 잃을 것이요 누구든지 나를 위하여 제 목숨을 잃으면 구원하리라"(눅 9:23-24)고 말씀하신 것도 바로 이 때문이다.

우리가 여전히 종살이를 하고 있다면, 곧 세상적인 욕심과 야심에 예속되어 있다면 거기서 벗어날 방법은 단 하나뿐이다. 우리는 오직 죽어야 한다.

모세가 이스라엘을 애굽에서 이끌어 냈을 때, 그는 그들을 홍해 가장자리로 데리고 갔다. 바다 앞에 선 백성들의 뒤에서는 애굽 군대의 병거 소리가 들려왔다. 그들은 꼼짝 없이 걸려들었다고 생각한 나머지 하나님에 대한 믿음을 잃어버렸다. 하나님이 더 이상 자기들의 삶에 역사하지 않으신다고 생각한 그들은 모세에게 이렇게 말했다.

> 어찌하여 당신이 우리를 애굽에서 이끌어 내어 우리에게 이같이 하느냐 우리가 애굽에서 당신에게 이른 말이 이것이 아니냐 이르기를 우리를 내버려 두라 우리가 애굽 사람을 섬길 것이라 하지 아니하더냐 애굽 사람을 섬기는 것이 광야에서 죽는 것보다 낫겠노라(출 14:11-12).

이스라엘 백성은 바로와 홍해 사이의 그 절망적인 장소로 자기들을 이끄신 분이 하나님임을 알지 못했다. 자유를 얻기 위해서는 먼저 깊은 물을 통과해야 한다는 사실을 상상조차 할 수 없었다.

홍해의 물은, 신약 시대의 세례 예식에서 그랬듯 죽음을 상징한다. 여호와께서 마침내 홍해를 가르시자 이스라엘 백성은 양편으로 물벽이 솟은 바닷길을 걸어서 홍해를 건넜다. 그들은 바다 깊은 곳까지 내려갔다가 다시 올라갔다. 그제야 비로소 그들의 옛 자아는 죽고 약속의 땅으로 인도되는 새 생명이 탄생했다.

이스라엘 백성의 여정은 우리에게도 똑같이 적용될 수 있다. 역경의 시간 동안, 우리는 공포에 질려 하나님께 "어찌하여 나를 이 역경의 광야로 이끌어 내어 죽게 하십니까?"라며 울부짖는다. 우리는 자아에 대해 죽기보다는 차라리 종살이를 하더라도 이로부터 최대한 빨리 벗어나기를 갈망한다. 그러나 하나님은 우리에 대한 명확한 계획을 갖고 계신다. 우리가 약속의 땅에 합당한 새 사람이 될 수 있도록 깊은 물을 통과시키는 분이 바로 하나님이시다.

이전 것을 벗어 버림

하나님의 소명에 응답할 때, 우리는 이스라엘 백성이 약속의 땅으로 나아가는 과정에서 마주쳤던 것과 똑같은 도전에 직면한다. 이스라엘이 요단강을 건너 약속의 땅에 발을 디뎠을 때, 하나님은 여호수아에게 오랫동안 잊고 지내던 할례 의식을 다시 시행하라고 명령하셨다.

할례 의식은 창세기 17장에서 하나님이 아브라함과 더불어 맺으신 언약의 표시였다. 그러나 이 의식은 이스라엘의 40년 광야 여정 동안에는 시행되지 않았다. 여호수아는 하나님의 지시에 순종하여 기브앗 하아랄롯(한글개역 성경에는 '할례산'으로 번역함 _역자주)에서 이스라엘 남자들에게 할례를 거행했다.

할례 의식에는 피 흘림과 고통이 따랐으며, 이스라엘 남자들은 상처 부위가 낫기까지 제대로 활동할 수 없었다. 그들의 상처가 아물자 하나님은 여호수아에게 "내가 오늘 애굽의 수치를 너희에게서 떠나가게 하였다"(수 5:9)고 말씀하셨다. 이스라엘이 순종하는 반응을 보여 드리자 하나님이 그들의 수치를 제거하신 것이다.

할례는 이처럼 예전 것들을 벗어 버림을 뜻한다. 또한 그것은 시험과 순종과 고통 그리고 하나님 앞에 선 자아의 겸손을 나타낸다. 일단 예전 것들이 제거되어야 하나님이 축복을 선언하신다. 속박의 치욕과 수치가 떨어져 나간다. 이제 할례 받은 자들은 젖과 꿀이 흐르는 땅에 거주할 준비가 되었다.

이로써 우리의 모든 고생이 끝난다는 뜻일까? 아니, 그렇진 않다. 이스라엘이 요단강을 건너 약속의 땅에 들어간 다음 진짜 테스트가 시작되었다는 것을 잊지 말아야 한다. 그들에겐 치러야 할 대가, 곧 전쟁이 기다리고 있었다.

사실, 이스라엘 백성은 약속의 땅을 얻기 위해 주요 전투만 39회나 치러야 했다. 이스라엘은 그 땅의 죄악이나 우상 숭배와 타협할 수 없었다. 오로지 그것들을 몰아내야만 했다. 바울은 "우리의 씨름은 혈과 육을 상대하는 것이 아니요 통치자들과 권세들과 이 어둠의 세상 주관자들과 하늘에 있는 악의 영들을 상대함이라 그러므로 하나님의 전신 갑주를 취하라 이는 악한 날에 너희가 능히 대적하고 모든 일을 행한 후에 서기 위함이라"(엡 6:12-13)고 했다. 신자로서 우리는 이 전쟁에서 승리할 때까지 늘 악에 대항해 싸울 것이다.

하나님은 약속의 땅으로 들어가도록 우리를 강요하지 않으신다. 많은 이스라엘인들이 약속의 땅에 들어가길 거부하고 광야에서 죽었다. 우리 역시 불순종하여 광야에서 죽는 편을 택할 수도 있다. 그러나 그분이 주신 둘도 없는 이 삶을 굳이 저버릴 이유가 있는가? 하나님은 우리를 위해 밝은 미래를 설계하셨다. 만일 그분의 소명을 받아들이고 역경의 광야에서 우리를 개조하고 고치시는 그분께 자신을 내맡긴다면 그 미래는 우리의 것이 될 것이다.

여러 해 전, 어느 시인은 하나님이 당신의 용도에 맞도록 우리를 어찌 개조하시는가에 대해 다음과 같이 노래했다.

하나님이
누군가를 훈련시키고자 하실 때,
그 사람을 감동시키기 원하실 때,
그 사람을 숙련시키고 싶으실 때,
누군가에게 고귀한 역할을 맡기시기 원하실 때,
세상이 놀랄 정도로 위대한 사람을 만드실 때,

그분이 사용하신 방법과 방식들을 보라.

당신이 택하신 자를
얼마나 철저히 다듬으시는지.
그 사람을 내리치고 상하게 하시며,
강력한 타격을 가하여,
그를 초라한 진흙덩이로 전락시키시니
이를 이해하는 이는 오직 하나님뿐이시며,
고통에 겨운 그의 심령은 부르짖을 뿐이며,
그는 탄원의 손을 치켜들 뿐이다.

그분이 그 사람의 유익을 도모할 때
구부리되 결코 부러뜨리진 않으신다.
당신이 택한 자를 사용하시되,
온갖 의도로 그를 녹이시며,
온갖 행동으로 그를 권유하심으로써,
당신의 영예가 드러나게 하신다.
하나님이 하시는 일은 그분만이 아신다.

깊은 영성을 위한 질문들

01. 당신은 지금 애굽 땅에 있는가, 약속의 땅에 있는가? 다음의 점검표를 읽고 확인해 보라.

애굽 땅	약속의 땅
• 나는 일상 생활과 직업에 얽매여 있는 느낌이다.	• 나는 하나님의 베푸심을 신뢰하며 순종함으로 살아간다.
• 나는 나를 종으로 여긴다.	• 나는 나를 왕의 상속자로 여긴다.
• 나는 일을 강요 당하며 맘몬의 종이 된 기분이다.	• 나는 하나님께 드리는 예배의 일부로서 자유롭게 일한다.
• 하나님과 나의 관계는 내 행동에 기초한다. 그래서 하나님께 인정받기 위해 열심히 노력한다.	• 하나님과 나의 관계는 그분을 향한 나의 사랑과 감사에 기초한다.
• 나는 내 삶과 미래를 하나님의 통제에 맡기고 싶지 않다.	• 나는 내 삶을 온전히 통제하시는 하나님을 신뢰하며, 그분의 목적에 도움이 되길 원한다.
• 내 것은 내 것이라고 생각한다. 내가 그것을 벌었다.	• 나는 내게 있는 모든 것이 하나님께로부터 왔음을 믿는다. 그것의 소유주는 하나님이시다. 나는 단지 그것을 관리할 뿐이다.
• 세상에 대해서는 평안함을, 하나님께 대해서는 거북함을 느낀다.	• 나는 하나님께 대해 평안함을 느끼고 세상에 대해서는 거북함을 느낀다.

- 나는 독립적이다. 언제나 결정은 나의 몫이다.

- 내 욕구를 채우고 신분을 과시하기 위해 빚을 낸다.

- 내가 순종하는 건 오직 징벌에 대한 두려움 때문이다.

- 하나님께 버림받을지도 모른다는 두려움 때문에 규례를 지킨다(율법주의).

- 나는 하나님의 팀에 속한 자이다. 따라서 그분의 권위 아래 공동의 결정을 내린다.

- 나는 내 수입에 맞게 살아간다. 십일조를 드리며 하나님께 헌신한다.

- 나는 목자의 음성을 듣고 따르며 순종한다.

- 하나님의 사랑을(은혜를) 신뢰하므로 즐겁게 살아간다.

만일 이 점검표를 훑어보면서 약속의 땅이 아니라 여전히 애굽에 살고 있다고 생각된다면, 지금 바로 하나님께 고백하며 이 순간 당신의 삶을 그분의 계획과 목적에 맡겨야 할 것이다.

02. 요셉을 위한 하나님의 궁극적 목표는 무엇이었을까? 사울이나 이스라엘 민족을 위한 하나님의 궁극적 목표는 무엇이었을까?

03. 요셉 구덩이를 경험하는 당신을 위한 하나님의 궁극적 목표는 무엇이라고 생각하는가?

03
통신 블랙홀

내 은혜가 네게 족하도다
이는 내 능력이 약한 데서 온전하여짐이라

고린도후서 12:9

    1962년 2월 20일 오전 9시 47분, 우주선 '프렌드십 7호'가 불기둥을 내뿜으며 솟아올랐다. 우주선에는 비행사 존 글렌이 탑승하고 있었다. 플로리다 해안을 멀리 벗어난 우주 캡슐은 지구를 세 바퀴 돌았고, 4시간 동안 약 13만 킬로미터를 날았다. 그런데 우주선이 우주 공간에서 하강을 시작할 때, 경고 신호가 울렸다. 감지기로부터 캡슐의 자동조종장치의 고장이 포착된 것이다. 만일 대기권으로 재진입하는 동안 자동조종장치가 풀린다면, 캡슐은 별똥별처럼 타버릴 것이며 비행사는 꼼짝없이 죽을 운명이었다.

    우주에서 그 문제를 처리할 방법은 전혀 없었다. 캡슐은 이미 대기권 밖 가장자리에 들어서고 있었다. 조그마한 우주선이 지구를 향해 떨어지자, 자동조종장치가 붉게 가열되었다가 곧 백열 상태로 변했다. 이윽고 이온화된 가스 미립자들('플라즈마'라고 지칭됨)의 뜨거운 구름이 캡슐 주위를 둘러쌌다. 전파가 플라즈마를 관통하지 못하기 때문에, 잠시 그 우주선과의 교신이 단절되는 이른바 '블랙홀' 상태에 돌입했다. (이는 우주비행사들과 관제관들 사이의 용어로, 별이 붕괴할 때 우주 공간에서 형성되는 블랙홀과는 다른 것이다).

시간은 무척이나 더디 가는 듯했다. 휴스턴의 관제실에선 긴장이 최고조에 달했다. NASA의 기술자들은 상황이 절망적이라고 느꼈다. 무시무시한 5분간의 침묵이 흐른 후, 마침내 관제관들은 무선 전신으로 들리는 글렌의 음성을 들었다. "여기는 프렌드십 7호다, 오버!"

순간 관제실에는 일제히 기쁨의 탄성이 터졌다. 존 글렌이 돌아오고 있었던 것이다. 경고 신호는 감지기 결함에서 비롯된 것으로 드러났다.

만일 당신이 요셉 구덩이 경험을 한 적이 있다면 '통신 블랙홀'이 어떤 느낌인지 잘 알 것이다. 역경의 구덩이 속에 있는 동안에는 자신의 세계가 붕괴되고 있다고, 내 삶은 통제 불능 상태이며 하나님은 묵인하신다고 느끼기 마련이다. 블랙홀에서는 아무 소리도 들리지 않기 때문에 혼자 격리되었다고 느낄 것이다. 또한 하나님의 사랑과 보살핌, 심지어 그분의 존재 자체마저 의심하게 될 수 있다.

그러나 하나님이 멀리 계시며 침묵하실 때에도, 당신이 홀로 블랙홀 상태에 있을 때에도 당신의 '자동조종장치'는 여전히 안전하게 달려 있다. 자신의 삶이 통제 불능 상태이며 별똥별처럼 타고 있다고 생각하겠지만, 여전히 하나님은 주변의 열기로부터 당신을 보호하신다.

그래도 붙들어라

블랙홀은 전적 허무의 자리다. 그것은 각자의 삶에서 안전을 느끼기 위해 보통 의존하는 자원들, 곧 우리의 경력과 재정과 친구와 가족과 건강 등을 하나님이 제거하시는 때이다. 그동안 하나님을 신뢰하고 있다고 생각했겠지만, 사실 우리가 의지한 것은 자신의 안전감을 보장하는 사람들과 물질이었다. 그래서 우리가 의지하던 모든 것이 사라지고 나면, 무방비 상태로 버림받았다고 느끼게 된다. 다시 말해 하나님께 버림받았다고 느끼는 것이다.

나는 'TGIF : 오늘은 하나님이 첫 번째다(Today God Is First)'라는 일간 큐티 이메일[1]의 발행을 담당하고 있는데, 어느 날 블랙홀을 경험했던 한 독자가 이런 글을 올렸다.

오늘의 메시지를 읽으면서 나는 울고 있어요. 이루 말할 수 없는 혼란의 도가니에 빠져 있습니다. 내게는 예수님을 보다 온전히 알며 섬기고 싶은 갈망이 있어요. 그분과 그의 나라를 너무나 사랑합니다. 하지만 나는 아무짝에도 쓸모없다는 느낌이 들어요. 그리스도의 몸인 교회에서 내가 감당할 수 있는 역할이 없답니다.

마치 허공에 매달려 있는 기분입니다. 나는 그리스도를 사랑하지만 그분과 분리된 것만 같은 고독감을 느낍니다. 교회에서 더 외로워지는 것 같아요. 그래서 오늘의 메시지가 제게는 축복이었답니다. 아직 더 큰 그림을 보진 못하지만, 그것이 존재한다는 건 엄연한 사실이잖아요? 내게는 목적이 있습니다. 하나님이 내 삶을 위한 계획을 가지고 계시니까요.
나는 그분을 놓치고 싶지 않아요. 내 자아를 죽이고, 그분을 기다리며 믿고 사랑하고 신뢰하며 또한 그분 안에서 살아가렵니다. 오스, 확신의 말씀을 주셔서 감사해요.

이 독자처럼, 당신도 블랙홀을 경험하는 동안에는 수많은 의문에 사로잡힐 것이다. 그러나 의문을 갖더라도 하나님을 계속 붙들어라. 그분을 계속 신뢰하라. 기다리고, 믿고, 사랑하며, 또한 그가 블랙홀의 침묵 중에도 당신의 삶 속에서 여전히 일하고 계심을 기억하라. 이것은 다만 준비의 기간일 뿐이다.

하나님을 향한 분노

나의 요셉 구덩이 경험은 전처가 별거를 원한다고 말했을 때 시작되었다. 7년 시련 기간 가운데 3년이 흘렀지만, 나는 여전히 이혼을 피하고자 애를 쓰고 있었다. 나는 많은 시간을 기도에 할애했고, 하나님의 개입을 간구했다. 그러나 어느 날, 문이 쾅 하고 닫혀 버렸다. 하나님은 내 기도를 듣지 않으신 걸까? 그가 나를 보살피지 않으신 걸까?

나는 하나님께 버림 받았다는 기분에 사로잡힌 채 문을 박차고 나가, 우리 집 뒤편 야산으로 올라갔다. 야산 꼭대기에 도착한 나는 그분께 소리쳤다. "하나님! 하나님은 당신께 신실한 사람을 이런 식으로 대하나요? 나는 기다리고 또 기다렸습니다. 노력하고 기도했습니다. 그런데 어떻게 일이 이렇게 될 수 있나요?" 가슴과 목이 따끔거렸지만 하나님께 한마디 더 하고 싶었다. "하나님, 미워요. 저는 하나님이 싫습니다!"

나는 오래된 떡갈나무의 부러진 밑동 위에 앉았다가 바닥에 드러누웠다. 이후 3시간 동안, 나는 억제할 수 없는 슬픔에 흐느꼈다. 아무 말도, 어떤 기도도 할 수 없었다. 어찌하여 하나님이 나를 버리셨는지 이해할 수가 없었다. 과연 그분이 존재하기나 한지도 의아스러웠다. 혹시 내가 허망한 신화를 믿느라고 삶을 허비한 건 아닌가 하는 생각마저 들었다.

마침내 자리에서 일어섰다. 조금 전에 앉았던 부러진 떡갈나무를 쳐다보면서 나는 흥미로운 점을 하나 발견했다. 부러진 그 나무가 또 다른 떡갈나무, 곧 무성한 가지를 넓게 펼친 높다란 나무의 밑동과 연결되어 있었던 것이다. 그 순간, 나는 내 속에서 말하는 음성을 들었다. '이 부러진 떡갈나무처럼 오늘 너는 부러진 사람이다. 하지만 네 앞에 선 저 크고 튼튼한 나무가 되기 위해서는 이 같은 부러짐이 필요했다.'

야산을 걸어 내려오면서, 여러 가지 의문들이 소용돌이쳤다. 이혼한 사람으로서 내 삶은 앞으로 어떻게 될까? 하나님을 위한 사역을 다시 감당할 수 있을까? 그리스도인으로서의 나의 증거는 연기나 재와 같지 않은가? 나는 사업가로서, 그리스도인으로서, 남편으로서, 그리고 아버지로서 실패했다. 그러나 하나님이 내게 말씀하지 않으셨던가? 내 속에서 들리는 조용한 음성은 부러진 내 삶이 다시 크고 튼튼해지리라 약속했다. 그 약속이 어떻게 실현될 수 있을지는 알지 못했다. 그 약속이 정말 하나님께로부터 온 것인지조차 확신할 수 없었다. 어쩌면 그저 나의 희망 사항인지도 몰랐다.

몇 년이 지나 그때를 되돌아보고서야 하나님이 침묵과 어둠에 휩싸인 나의 블랙홀에서 내게 말씀하셨다는 사실을 깨닫게 되었다. 요즘은 이사야 61장을 읽을 때마다 나를 향하신 하나님의 신실하심을 되새기게 된다. 이사야 선지자를 통해 하나님은 이렇게 약속하셨다.

> 무릇 시온에서 슬퍼하는 자에게 화관을 주어 그 재를 대신하며 기쁨의 기름으로 그 슬픔을 대신하며 찬송의 옷으로 그 근심을 대신하시고 그들이 의의 나무 곧 여호와께서 심으신 그 영광을 나타낼 자라 일컬음을 받게 하려 하심이라 (사 61:3).

하나님께 화를 내며 그분을 미워한다고 말했던 나의 블랙홀에서조차 그분은 신실하고 관대하셨다. 오늘날 그분은 나의 절망의 재를 기쁨의 기름으로 바꿔 주셨다. 하나님은 나를 강하고 튼튼한 떡갈나무로 확고하게 심으셨으며, 나는 그분의 은총에 감사하는 삶을 살고 있다. 하지만 이 모든 일이 하루아침에 이루어진 건 아니다.

비전의 죽음과 부활

나의 블랙홀 기간 동안, 한 친구가 오스왈드 챔버스의 『갈 길을 몰라도Not Knowing Where』라는 책을 내게 주었다. 이 책은 내 삶을 지켜 주는 버팀목이 되었다. 이 책에서, 챔버스는 미지의 땅으로 향하는 아브라함의 여정에 관해 자세히 얘기했다.

하나님의 방법은 언제나 처음엔 비전으로, 그 다음에는 현실로 이어지지만 비전과 현실 사이에는 종종 굴욕의 깊은 골짜기가 있다. 실로 비전 후에 시험이 닥칠 때 신실한 영혼이 어둠 속에 가라앉는 경우가 얼마나 잦은가.[2]

우리는 요셉의 삶 속에서 이 원칙을 본다. 하나님이 그에게 통치자가 되는 비전을 주셨지만, 그의 형들이 요셉을 구덩이 속에 내던졌을 때 그 비전은 죽었다. 우리는 예수님의 제자들의 삶 속에서도 이것을 본다. 예수께서는 그들이 다가올 나라에서 지도자들이 되리라고 말씀하셨지만, 예수께서 십자가에 못 박히실 때 그 비전도 함께 죽었다.

이 패턴은 명확하다. 먼저, 하나님이 우리에게 비전을 주신다. 그 다음엔 그 비전이 죽는다. 그리고 마침내 하나님이 새롭고도 놀라운 형태로 그 비전을 부활시키신다!

종종 우리는 블랙홀 속에서 조급해 한다. 먼저 꿈이 죽는다. 그 꿈의 부활을 기다리기란 여간 힘든 일이 아니다. 그래서 일을 서두르게 된다.

아브라함의 삶에서도 그런 면이 보인다.

> 여호와께서 아브람에게 이르시되 너는 너의 고향과 친척과 아버지의 집을 떠나 내가 네게 보여 줄 땅으로 가라 내가 너로 큰 민족을 이루고 네게 복을 주어 네 이름을 창대하게 하리니 너는 복이 될지라(창 12:1-2).

하나님은 아브라함에게 그의 후손들이 큰 민족을 이루리라는 꿈을 주셨다. 하지만 아브라함이 후손들을 얻기 위해서는 먼저 아들을 얻어야 했다. 그러나 많은 세월이 지나도 아내 사라가 아이를 갖지 못하자, 아브라함은 하나님의 약속을 의심하기 시작했다.

사라의 제안에 따라, 아브라함은 하나님의 약속이 실현되도록 그분을 돕기로 결심했다. 그래서 사라의 여종과 관계하여 이스마엘이라는 아들을 얻었다. 그러나 이스마엘은 하나님이 약속하신 아들이 아니었다. 그는 아브라함의 조급함을 통해 얻은 아들이었을 뿐이다.

더 시간이 지나 마침내 하나님은 사라에게 이삭이라는 아들을 잉태하게 하셨다. 이삭은 하나님의 약속의 아들이었다. 우리가 자신의 방식으로 혹은 스스로의 시간표에 따라 하나님의 뜻을 이루려고 할 때, 우리는 이처럼 이삭이 아니라 이스마엘을 낳게 된다.

2년째 구덩이 경험을 하고 있던 때인 1996년에, 나는 <일하는 그리스도인 (Christians in Business)> 이라는 새 잡지를 시작했다. 나는 이 잡지가 "약속의 아들", 곧 나의 이삭이라 생각했다. 하지만 이 잡지는 발간 2호만에 자금 부족으로 폐간되었다. 이미 50만 달러를 잃은 후였기에 큰 손실을 당할 여력이 거의 없었다. 그럼에도 이 일은 내게 5만 달러의 손실을 더 입혔다.

나는 좌절감에 사로잡혀 망연자실했다. 줄곧 하나님의 인도를 따른다고 생각했는데, 내 꿈은 연이은 재난으로 마감되었다. 지금에 와서야 그 잡지가 나의 이삭이 아니라 나의 이스마엘이었음을 이해하게 되었다. 하나님의 뜻을 내 타이밍에 맞춰 이루고자 했던 것이다.

자신의 비전이 죽을 때, 우리는 당황하기 마련이다. 우리는 그 비전을 인공호흡으로 소생시키려고 노력한다. 너무나 조급하고 의심 많은 우리는 권능으로 그 꿈을 되살려 주실 하나님의 때를 기다리지 못한다. 『갈 길을 몰라도』에서 오스왈드 챔버스는 이렇게 말한다.

어떤 성도에게 비전을 주실 때마다 하나님은 그 성도를, 이를테면 당신의 손 그림자로 가려 두신다. 그 성도의 의무는 잠잠히 귀 기울이는 일 뿐이다. 하나님의 비전에 뒤이어 어둠이 다가올 때, 그분의 타이밍을 잠잠히 기다리면 비전이 곧 실현되어 갈 것이다. 하지만 그리하지 않으면, 하나님의 초자연적인 사역을 배제시키려 드는 것이나 다름없다. 부디 말씀을 성취하시는 하나님의 일을 섣불리 도우려 들지 말라.[3]

잠언에서도, 솔로몬은 우리 자신의 결함 많은 지혜를 의지하지 말고 하나님의 완전하신 뜻을 따르라고 권면한다.

> 너는 마음을 다하여 여호와를 신뢰하고 네 명철을 의지하지 말라 너는 범사에 그를 인정하라 그리하면 네 길을 지도하시리라 스스로 지혜롭게 여기지 말지어다 여호와를 경외하며 악을 떠날지어다(잠 3:5-7).

고통스러울지라도 이 블랙홀은 우리에게 주시는 하나님의 선물이다. 즉 스스로 하는 자기 구원과 하나님의 진정한 구원 사이의 차이점을 분별할 수 있도록 우리를 영적으로 성숙시키는 방편이다. 역설적이지만, 사실이다. 종종 하나님은 어떤 사역을 맡기기 위해 우리를 부르시고는 우리의 노력을 좌절시키신다! 우리는 이런 예를 모세와 바로의 만남을 기록한 출애굽기 5장에서도 볼 수 있다.

하나님께 순종하여 모세는 바로에게 "내 백성을 보내라"고 요구했다. 그런데 바로의 반응이 어땠는가? 그는 이르기를 "여호와가 누구이기에 내가 그의 목소리를 듣고 이스라엘을 보내겠느냐 나는 여호와를 알지 못하니 이스라엘을 보내지 아니하리라"(2절)고 했다. 모세는 거듭 자기 백성의 자유를 요구했고, 바로는 거듭 거부했다. 결국 모세는 "주께서 나를 불러 바로에게로 보내셨지만, 이 백성을 해방시키진 않고 계십니다"(22-23절)라며 불평했다.

모세가 낙심한 이유는 하나님이 그에게 주신 비전 곧 하나님의 백성을 해방시키고자 하는 그 꿈이 죽은 듯했기 때문이다. 그러나 하나님은 기다리며 신뢰하는 법을 모세와 이스라엘 백성들에게 가르치고 계셨던 것이다.

결정적인 순간

한편 하나님은 세상에 전할 메시지를 우리에게 주시고자 우리를 블랙홀 상황에 두실 수도 있다. 예수님은 "내가 너희에게 어두운 데서 이르는 것을 광명한 데서 말하며 너희가 귓속으로 듣는 것을 집 위에서 전파하라"(마 10:27)고 말씀하셨다.

오스왈드 챔버스도 우리에게 상기시키기를 "지저귀는 새는 노래하는 법을 어둠 속에서 배운다"고 했으며, 이때 어둠은 말하는 장소가 아니라 듣고 배우는 장소라고 했다. 또한 그는 이렇게 말을 이어 간다. "만일 당신 자신이 다른 이에게 말한다면 당신은 하나님의 말씀을 놓칠 것이다. 그러니 어둠 속에서 귀를 기울이라. 그러면 밝은 곳으로 돌아간 후 다른 누군가에게 전할 귀한 메시지를 하나님이 당신에게 주실 것이다."[4]

블랙홀을 보는 한 가지 방법은 그것을 '정체성을 명확히 해 주는 결정적인 순간'으로 보는 것이다. 이 결정적인 순간은 우리 삶 가운데서 모든 것이 변했으며 전혀 돌이킬 수 없음을 알게 되는 때이다. 그 순간은 우리의 정체성을 구체화시키며 또한 우리의 장래 모습을 드러낸다. 그야말로 우리의 존재에다 형태와 의미를 부여하는 순간인 것이다.

모세의 삶에서 이 결정적 순간은, 타오르되 소진되지 않는 떨기나무에서 말씀하시는 하나님의 음성을 들었을 때 찾아왔다. 다니엘에게 그런 순간은, 하나님이 그를 사자 굴에서 구원하셨을 때 찾아왔다. 여호수아에게 그런 순간은, 요단강이 갈라지고 그가 약속의 땅에 발을 디뎠을 때 찾아왔다. 베드로에게 그런 순간은, 그가 믿음으로 물 위를 걸어 주께로 나아갔을 때 찾아왔다.

나의 정체성을 명확히 깨닫게 해 준 결정적인 순간도 나의 블랙홀이었다. 그 격렬한 시련의 시기가 내 생각을 개조시켰고, 하나님과의 관계를 변화시켰으며, 또한 그리스도인으로서 그리고 사업가로서 내 자신이 누구인지를 규정해 주었다.

무엇보다 그것은 내 삶의 방향을 새로 수정해 주었다. 이후 내 삶은 완전히 새로워졌다. 살면 살수록, 나는 하나님께 크게 쓰임 받는 자들이 삶의 세 단계를 거친다는 사실을 더욱 확신케 된다. 첫째 단계는 하나님과의 관계에서 오는 위기를 경험하기 전의 삶이다. 둘째는 나머지 생애의 윤곽을 밝혀 주는 위기의 순간이다. 마지막 셋째는 하나님의 소명에 합당하게 살아가는 위기 이후의 삶이다. 당신은 현재 어느 지점에 서 있는가?

블랙홀 속에서 해야 할 일

블랙홀을 경험하고 있는 자신을 발견할 때, 우리는 가만히 앉아서 곰곰이 생각만 해서는 안 된다. 먼저 하나님과의 관계를 살펴본 다음 행동을 취할 필요가 있다!

첫째, 하나님의 징벌을 받아 마땅한 어떤 죄악이나 습관이나 태도가 우리에게 있는지 하나님께 여쭈어 봐야 한다. 우리가 역경에 처할 때, 그 시련이 우리 죄에 대한 하나님의 징계인지, 아니면 장차 우리가 리더십을 갖추도록 준비시키기 위함인지를 분간하는 일이 중요하다. 우리의 삶이 그분 앞에서 순전하도록 늘 노력해야 한다. 성경은 이르기를 우리 삶 속에 죄가 있을 경우에는 사탄이 우리를 까부를 권한을 지닌다고 말씀한다(눅 22:31; 고전 5:5 참조).

둘째, 블랙홀에 들어설 때 우리는 하나님을 신뢰해야 한다. 자신의 감정을 신뢰할 수도 있으나, 이 시기에 이르러 감정은 대개 '하나님이 널 버리셨어. 희망을 버려. 그가 너를 방치하고 계셔'라고 말할 것이다. 감정은 또한 쉽게 변한다. 그러나 하나님은 결코 변하지 않으신다. 감정은 왔다 갔다 한다. 그러나 하나님은 늘 우리와 함께 계신다. 우리를 향하신 그분의 약속은 여호수아 시대나 지금이나 한결같다. "내가 모세와 함께 있었던 것같이 너와 함께 있을 것임이니라 내가 너를 떠나지 아니하며 버리지 아니하리니"(수 1:5).

셋째, 우리의 블랙홀 경험이 자신을 연단하며 정체성을 명확히 하기 위한 과정인 동시에, 다른 이들의 삶에 도움을 주기 위한 과정이라는 점도 기억해야 한다. 즉, 우리의 역경은 자신을 위한 것일 뿐 아니라 우리의 영향권 안에 있는 다른 사람들을 위한 것이기도 하다. 이 사실을 아는 일이 블랙홀 경험의 고통을 덜어 주지 못할 수도 있지만, 우리의 관점을 변화시키며 자신의 시련 너머를 내다보게 하는 데는 유익하다.

넷째, 우리는 이 시련을 견딜 수 있는 은혜와 역경 가운데 하나님의 교훈을 배울 기회를 달라고 간구해야 한다. 블랙홀 과정을 서둘러 끝내려 하거나 자신의 노력으로 스스로를 구하고자 하는 우를 범해서는 안 된다. 요셉이 깊은 구덩이에 빠졌을 때 그가 할 수 있는 일은 아무것도 없었다. 그는 기어오를 수도, 뛰어넘을 수도, 날아오를 수도, 혹은 구해 달라고 부탁할 수도 없었다. 그가 할 수 있는 일은 오직 기도하고 주님을 신뢰하며 역경의 교훈을 배우는 것뿐이었다.

다섯째, 우리는 하나님을 의지해야 한다. 기도하고 싶지 않을 때에도 기도해야 한다. 그분의 말씀을 읽고 싶지 않을 때에도 읽어야 한다. 믿음의 찬송을 부르고 싶지 않을 때에도 불러야 한다. 또한 기도할 때에는 단지 말만 할 것이 아니라 경청도 해야 한다. 하나님 앞에서 잠잠하며 그분의 조용한 음성에 귀를 기울여야 한다. 우리는 자신의 이성과 지혜를 신뢰해서는 안 된다. 사도 바울은 "하나님의 어리석음이 사람보다 지혜롭고 하나님의 약하심이 사람보다 강하"다고 했다(고전 1:25). 그러므로 자신의 지식과 논리에 의지하지 말고 오직 하나님을 의지해야 한다.

여섯째, 우리는 새로운 진리와 새로운 관점에 늘 민감해야 한다. 블랙홀 경험을 하는 동안 하나님은 우리에게 놀라운 것들을 발견하게 하실 것이다. 결국 블랙홀은 영혼을 위한 예기치 못한 부의 창고일 수도 있다. 하나님은 이렇게 말씀하신다.

네게 흑암 중의 보화와 은밀한 곳에 숨은 재물을 주어 네 이름을 부르는 자가 나 여호와 이스라엘의 하나님인 줄을 네가 알게 하리라(사 45:3).

설교자 F. B. 마이어는 한때 이렇게 말했다. "감옥 같은 상황에 처할 때마다 정신을 바짝 차리라. 무엇인가에 몰두하기에 감옥만한 곳도 드물다. 번연이 탁월한 우화를 생각해 낸 것도, 바울이 주님을 만났던 것도, 요한이 열린 하늘 문을 통해 계시를 보았던 것도, 그리고 요셉이 하나님의 은총을 경험했던 것도 바로 이 감옥에서였다. 우리 중에는 슬픔에 잠겼을 때에만 하나님의 은총을 체험하는 이들이 더러 있다. 밤은 별을 볼 수 있는 최고의 시간이다."[5]

나는 블랙홀 시련을 통해 글을 쓰기 시작했다. 바로 '오늘은 하나님이 첫 번째다(TGIF)'라는 일간 경건 이메일을 작성하기 시작한 것이다. 현재 이메일의 독자는 전 세계에 걸쳐 수십만 명에 달한다. 이제 글쓰기는 내 속에서 진행되는 하나님 사역의 핵심이 되었다. 만일 내가 그런 경험을 하지 않았다면, 오늘날 나는 저자가 되어 있지 않을 것이다.

일곱째, 우리는 매일 최선을 다해야 한다. 우리는 과거나 미래에 살지 못한다. 오직 하나님께 받은 지금 이 순간을 살아야 한다. 우리의 구원의 시점은 하나님의 스케줄에 따라 임할 것이다. 그러니 지금은 하나님이 맡기신 일에 충실하고, 그가 허락하신 자리에서 만족해야 한다.

블랙홀 경험을 그저 삶의 선택 사항, 곧 우리를 더 나은 그리스도인으로 만들기 위해 계획된 여분의 축복으로 생각해서는 곤란하다. 역경의 시련을 지날 때, 우리는 하나님이 우리를 근본적으로 수술하고 계심을 이해해야 한다. 이 수술의 목적은 우리를 파괴하는 것이 아니라 우리에게 새 마음을 주시는 데 있다. 하나님은 우리의 존재와 우리의 장래를 근본적으로 변화시키신다.

역경을 지나 복된 미래로

우리 모두는 고통을 기피한다. 약품 상자에는 진통제가 수두룩하고, 마취제 없는 수술은 상상할 수도 없다. 고통을 너무 싫어한 나머지, 하나님도 우리에게 고통을 허락하지 않으시리라 생각한다. '자애로우신 하나님이 우리의 고통을 원하시겠어?' 물론 하나님은 우리가 고통스러워하는 것 자체를 기뻐하시는 분은 아니다. 하지만 우리로 하여금 더욱 그리스도를 닮아 가게 하시기 위해, 하나님이 때로 우리 삶에 고통스런 상황을 허락하신다는 사실은 인정하기 바란다.

언젠가 나는 익명의 연합군 병사가 쓴 시를 읽은 적이 있다. 이 시에는 블랙홀 경험을 통해 거듭난 한 사람의 심정이 잘 표현되어 있었다.

내가 성취할 수 있는 힘을 달라고 하나님께 구했더니,
겸손히 순종하는 법을 배우도록 연약함을 주셨다.
내가 많은 일을 할 수 있는 건강을 하나님께 구했더니,
보다 가치 있는 일을 하라고 병을 주셨다.
내가 행복해지도록 부를 간구했더니,
지혜로워질 수 있도록 가난을 주셨다.

세상 사람들의 칭찬을 듣고 싶어 성공을 구했더니,
하나님의 필요를 느낄 수 있게 실패를 주셨다.
삶을 누릴 수 있는 모든 것을 달라고 기도했더니,
모든 것을 누릴 수 있는 삶, 그 자체를 선물로 주셨다.
구한 것 어느 하나도 주시지 않았지만, 내 소원 모두를 들어 주셨다.
하나님의 뜻을 따르지 못하는 삶이었지만,
진작 표현하지 못한 기도는 모두 들어 주셨다.
나는 가장 많은 복을 받은 사람이다.[6]

설령 앞에 놓인 통로를 보지 못해도 여전히 우리를 이끄시는 하나님을 신뢰하는가? 전지하시며 사랑과 권능이 충만하신 그분을 신뢰하는가? 그가 범사를 형통케 하실 것임을 믿는가? 바울이 말했듯이, "믿음을 따라 하지 아니하는 것은 다 죄"다(롬 14:23). 하나님이 흑암과 침묵의 블랙홀로 우리를 이끄시는 것도 바로 그 때문이다. 믿음으로 걷는 법을 배울 수 있는 곳은 오직 어둠 속에서 뿐이다.

깊은 영성을 위한 질문들

01. 기도 응답을 받지 못한 때를 생각해 보라. 그 실망스런 경험이 당신의 신앙에 어떤 영향을 미쳤는가?

02. 하나님께 화를 낸 적이 있는가? 그분께 뭐라고 말했으며 그 말에 대한 하나님의 반응은 어떠했으리라 생각하는가?

03. 당신에게 닥친 힘들고 비극적인 경험에 대해 하나님이 설명해 주셔야 한다고 느끼는가?

04. 최근 당신이 내린 중요한 결정은 하나님의 지혜를 신뢰하며 내린 결정인가, 아니면 당신의 논리와 지식에 의지한 결정인가?

05. 당신은 지금 블랙홀을 경험하고 있는가? 만일 그렇다면, 이 고통에서 하루 빨리 벗어나고 싶을 것이다. 혹시 하나님의 타이밍 이전에 이 상황에서 벗어나고자 무언가를 시도한다면, 과연 어떤 일이 일어날 것 같은가?

04
광야 경험

그러므로 보라 내가 그를 타일러
거친 들로 데리고 가서 말로 위로하고

호세아 2:14

    고대 아라비아 글 가운데 광야를 건너는 세 상인에 관한 이야기가 있다. 낮에는 광야의 햇빛을 막기 위해 천막을 치고 쉬었다가, 별들이 빛나는 서늘한 밤에는 낙타를 타고 이동하는 식이었다. 그러던 어느 날, 마른 강바닥을 건너고 있던 그들에게 "멈춰!" 하는 음성이 들렸다. 셋은 너무 놀라 낙타에서 뛰어내리며 "누구세요?" 하고 물었다.

    "두려워하지 말라." 어둠 속에서 또 음성이 들려왔다. "너희가 내 말대로 하면 나는 너희를 해치지 않을 것이다. 발 앞에 조약돌들이 보이느냐?" 희미한 별빛에 수많은 조약돌들이 반짝이고 있었다.

    "각자 조약돌을 하나씩 주워 호주머니에 넣으라." 세 상인은 순순히 강바닥에서 조약돌을 하나씩 집었다. 그러자 다시 "이제 이곳을 떠나

라. 그리고 날이 밝을 때까지 쉬지 말고 계속가라"는 것이 아닌가.

한 상인이 너무 궁금한 나머지 그 음성에게 "이게 무슨 일입니까?"라고 물었다. 그러자 그 음성은 "한 가지만 얘기하마. 아침이 되면 너희는 행복한 동시에 슬플 것이다"라고 말했다. 세 상인은 걸음을 재촉하며 그 자리를 떠났다. '행복한 동시에 슬플 거라고? 도대체 이 말이 무슨 뜻일까?'

드디어 저 멀리 해가 떠오르기 시작했다. 상인들은 가던 길을 멈추고 자기 호주머니에 있던 조약돌을 꺼내 들었다. 조약돌은 아침 햇살에 반짝거렸는데, 자세히 보니 그것은 바로 보석이었다. 그중 하나는 루비, 다른 하나는 에메랄드, 나머지 하나는 사파이어였다.

"보석이다!" 한 상인이 기쁨에 들떠 큰 소리로 외쳤다.

"이런 젠장!" 옆 사람이 말했다. "그럼 강바닥에 수많은 보석들이 깔려 있었는데 우리는 겨우 하나씩만 가지고 왔다는 거야?"

"저것 좀 봐!" 세 번째 상인이 뒤를 가리키며 말했다. 광야에 심한 바람이 불더니 그들이 왔던 발자국을 모두 지워 버린 것이다. "이제 우린 그 길을 찾을 수가 없어!"

광야에서 들린 음성이 옳았다. 상인들은 행복했지만 동시에 매우 슬펐다. 광야에서 부를 발견했지만 더 많이 취하지 못했기 때문이다.

이 이야기는 하나님의 뜻을 발견하는 과정에서 우리 모두가 통과하는 광야를 상기시킨다. 하나님은 우리를 광야로 이끄셔서 당신의 지혜와 은혜의 보화를 우리의 호주머니에 넣게 하신다. 하지만 안타깝게도,

우리는 한두 개의 조약돌만을 주울 수 있을 뿐이다. 우리는 발견한 그 보화로 인해 행복하지만, 동시에 더 많이 챙기지 못해 슬퍼한다.

사랑에 이끌려 광야로

광야는 특별한 장소다. 성경은 광야가 영감과 고결의 장소, 곧 강력하고 새로운 방법으로 하나님을 만나는 장소라고 했다. 다윗 왕은 유대 광야에서 망명 생활을 하면서 시편 63편을 썼다. 그때는 이스라엘의 왕권을 가로채려던 아들 압살롬을 피해 달아나 있던 시기였다.

> 하나님이여 주는 나의 하나님이시라 내가 간절히 주를 찾되 물이 없어 마르고 황폐한 땅에서 내 영혼이 주를 갈망하며 내 육체가 주를 앙모하나이다(시 63:1).

선지자 예레미야도 광야를, 하나님을 찾을 만한 장소로 언급했다.

> 가서 예루살렘의 귀에 외칠지니라 여호와께서 이와 같이 말씀하시기를 내가 너를 위하여 네 청년 때의 인애와 네 신혼 때의 사랑을 기억하노니 곧 씨 뿌리지 못하는 땅, 그 광야에서 나를 따랐음이니라(렘 2:2).

요셉의 경우, 광야의 깊은 구덩이는 13년간에 걸친 황량하고 절망적인 여정의 첫 정거장이었다. 그 13년의 광야 경험은 요셉의 자기 의지와 자기 확신을 깨뜨리는 데 기여했다. 그것은 그 자신이 아무것도 컨트롤할 수 없는 존재임을 일깨워 주었으며, 삶을 제대로 꾸려 가기 위해서는 하나님을 의지해야 한다는 사실을 가르쳐 주었다.

이스라엘의 왕이 되기 전에 다윗은 목동이었다. 그가 사자나 곰 같은 맹수들과 맞서 싸운 것은 리더십 훈련의 한 과정이었다. 다윗은 시편 144장 1절에서 이렇게 고백한다. "나의 반석이신 여호와를 찬송하리로다 그가 내 손을 가르쳐 싸우게 하시며 손가락을 가르쳐 전쟁하게 하시는도다." 또 엘리야는 길르앗 광야에서 영적 리더십의 원리들을 배웠다. 그리고 예수님은 사역을 시작하시기 전에 광야에서 40일 동안 시험을 당하셨다.

호세아서는 하나님이 이스라엘 백성을 광야에 둠으로써 그들을 어떻게 다루셨는지를 보여 준다. 그간 이스라엘은 부유하고 교만해졌으며, 그 백성은 여호와를 잊고서 바알 우상을 섬겼다. 그래서 하나님은 선지자 호세아를 보내어 이 말씀을 전하게 하셨다.

> 그가 귀고리와 패물로 장식하고 그가 사랑하는 자를 따라가서 나를 잊어버리고 향을 살라 바알들을 섬긴 시일대로 내가 그에게 벌을 주리라 여호와의 말씀이니라(호 2:13).

호세아가 이 예언을 선포했을 당시는 이스라엘 민족이 전례 없는 평화와 번영을 누리고 있을 때였다. 가장 큰 적이었던 앗수르는 격퇴 당하고, 이스라엘 땅은 포도와 무화과로 푸르렀으며, 사람들은 큰 집에 살면서 상아와 금과 보석을 소유했다.

이런 때에 호세아가 이스라엘에 대한 하나님의 심판을 선포하자, 사람들은 그를 미치광이로 여겼다. 그럼에도 호세아는 여호와의 말씀을 그들에게 계속 전했다. "그러므로 보라 내가 그를 타일러 거친 들로 데리고 가서 말로 위로하고"(호 2:14).

하나님이 말씀하신 "거친 들"이 무엇일까? 그것은 이스라엘에게 닥칠 황량한 포로 생활에 대한 비유였다. 하지만 하나님이 이스라엘을 거친 들로 이끄신 이유는 그들을 해치기 위해서가 아니라 치유하기 위해서였다. 호세아는 계속해서 이렇게 전한다.

> 거기서 비로소 그의 포도원을 그에게 주고 아골 골짜기로 소망의 문을 삼아 주리니 그가 거기서 응대하기를 어렸을 때와 애굽 땅에서 올라오던 날과 같이 하리라(호 2:15).

호세아 선지자는 훗날 사도 베드로가 말한 것과 동일한 원칙을 언급했던 셈이다.

> 모든 은혜의 하나님 곧 그리스도 안에서 너희를 부르사 자기의 영원한 영광에 들어가게 하신 이가 잠깐 고난을 당한 너희를 친히 온전하게 하

시며 굳건하게 하시며 강하게 하시며 터를 견고하게 하시리라(벧전 5:10).

이스라엘 백성이 여호와를 잊고 살자, 하나님은 그들을 광야로 데려가시겠다 작정하셨다. 거기서 그들을 만나고, 그들을 위로하고, 그들을 회복시키시고, 또한 그들의 환난의 골짜기를 밝은 미래와 연결된 문으로 바꾸어 놓으려 하셨다.

황무지라 불리는 곳

철학 박사 스킵 모엔은 작가, 강연자, 그리고 리더십 컨설턴트이다. 내가 처음 스킵을 만난 건 2005년 봄, 한 친구를 통해서였다. 그는 한때 전기통신 분야의 백만장자 사업가였지만, 이후 모든 것을 잃고 나름대로 요셉 구덩이 경험을 하고 있었다.

오랫동안 하나님과 더불어 씨름했지만 신앙을 잃지는 않았다. 오히려 그는 경제계에 종사하는 그리스도인 지도자들을 격려하는 사역을 위해 하나님이 자신을 부르고 계심을 자각했다. 오늘날, 그는 한 인터넷 매체에서 '오늘의 단어(Today's Word)'란 코너를 담당하고 있다. 다음은 삶의 광야에 관한 스킵의 글에서 발췌한 내용이다.

우리 중 대다수에게 '광야'란 단어는 애리조나 사막이나 사하라 사막을 떠올리게 한다. 우리는 광야를 사람들이 살 수 없는 장소로 생각한다. 보다 실제적으로 말하면, 그런 곳에서는 '우리가 원하는 방식으로' 살 수 없다는 뜻이다. 이는 광야에 관한 중요한 그 무엇을 시사한다. 그것은 너무나 중요해서 하나님 말씀의 핵심을 이룬다. 광야는 사람들이 하나님을 만나는 장소인 동시에 마귀들의 거처이기도 하다. 광야는 하나님이 율법을 계시하신 곳이며 또한 큰 시험의 장소이기도 하다. 광야는 하나님의 소명의 장소이며 또한 우리가 거부 당하는 장소이다 …오늘날 많은 사람들은 광야를 피하려고 온갖 노력을 기울인다.

스킵 모엔 자신도 광야 경험을 했다. 황량함과 침묵 속에 홀로 있는 느낌을 그는 매우 잘 알고 있다. 하나님은 우리를 쓸쓸한 광야로 이끄셔서, 우리로 하여금 당신을 만나 그 말씀을 들을 수 있도록 인도하신다.
내 친구 브루스 윌킨슨은 이 광야 경험을 "황무지"로 지칭했다. 브루스의 책은 '평범'이라는 사람이 '큰 꿈'을 추구하기 위해 '친숙한 땅'을 떠나는 줄거리이다. 얼마 가지 않아 '평범'은 '황무지'라는 곳에서 '거인들'과 싸운다. 어느 잡지사와의 인터뷰에서 브루스는 이렇게 설명했다.

황무지는 하나님의 훈련장입니다 …황무지를 통과하는 사람에게 하나님이 하시는 일들은 실로 다양합니다. 거기 있는 동안 당신은 대개 헛바퀴를 도는 듯한 느낌을 받을 겁니다. 너무나 실망스럽죠. 하나님이 당신의 기도를 듣지 않으시는 것 같고, 돌파구도 마련해 주지 않는 것 같아요. 하지만 사실 그가 당신의 기도를 듣고 계시긴하지만, 그곳을 빠져 나가도록 허락하지 않으실 뿐입니다.

황무지는 죄로 말미암는 곳이 아닙니다 …마치 요셉이 감옥에 있었던 때와 같죠. 그는 감옥에 들어갈 만한 죄를 짓지 않았어요. 하나님이 그를 감옥에 넣으셨고, 그곳은 오래도록 그의 확신과 역량과 인품을 다지기 위한 힘든 황무지가 되었습니다. 그리고 마침내 그 황무지가 끝났을 때, 요셉은 세계에서 가장 크고 강력한 나라의 통치자가 되었지요.[1]

당신이 지금 통과하고 있는 광야는 어떠한가? 그것은 내 경우에서처럼 깨트려진 결혼과 일련의 사업 실패들로 점철되어 있을 수 있다. 혹은 병실과 여러 차례의 방사선 치료나, 사랑하는 사람을 잃은 고통, 무고한 고소나 비방을 당하는 시련일지도 모른다. 이처럼 광야는 여러 가지 형태를 띨 수 있다. 그러나 하나님은 당신의 황무지를 축복의 푸른 계곡으로 변화시키고자 하신다. 그분은 당신의 갈증을 해소시켜 줄 시원한 물과 사막의 햇빛을 피할 그늘을 제공하길 원하신다.

나의 광야 시기였던 1996년, 나는 사흘간의 금식 기도를 위해 어느 해안 지역으로 갔다. 혼자서 하나님의 음성에 귀를 기울이고 있는 내게, 그분은 조용한 음성으로 이렇게 말씀하셨다. "내가 일터 사역에서 핵심 역할을 맡기려고 너를 부르고 있느니라. 너는 그 운동의 리더가 될 것이다." 나는 하나님께 그런 말을 들으리라고 전혀 기대하지 않았다. 그 당시에는 재정적으로나 정서적으로 가까스로 버티고 있을 때였기 때문에 어떤 사역을 시작하거나 어떤 운동의 리더가 될 마음이 전혀 없었다. 게다가 나는 내가 들은 것이 정말 하나님의 음성인지조차 의심스러웠다.

오늘날, '일터 사역 국제 연합(International Coalition of Workplace Ministries)'의 설립자이자 책임자로서 나는 하나님이 나를 위해 놀라운 계획을 세우셨음을 인정하지 않을 수 없다. 만일 내가 그분의 음성에 귀 기울이지 않았더라면, 내 삶을 위한 그분의 약속을 듣지 못했을 것이다.

약속의 땅으로 가는 길

앞에서 보았듯, 성경에서 애굽은 속박과 노고의 상징이다. 애굽이 우리의 과거라면, 약속의 땅은 우리의 미래다. 이 둘 사이에 광야가 있다. 약속의 땅으로 가는 길에 반드시 통과해야 할 곳이 바로 이 광야다.

"광야"에 해당하는 히브리어는 '미드바아르(midbaar)'로, 이는 "말하다"는 뜻인 '다바아르(dahbaar)'에서 온 말이다. 하나님이 이스라엘을 애굽에서 광야로 부르신 까닭은 당신의 말씀을 들을 수 있게 하기 위함이었다. 하지만 어떤 이유에서인지, 하나님은 우리가 장기간 광야에서 지내기 전까지는 그 말씀을 들려주지 않으신다. 아마도 우리가 들을 준비를 갖추기까지 긴 시간이 걸리기 때문일 것이다.

신명기 8장에서 모세는 왜 하나님이 그들을 광야로 이끄셨는지를 이스라엘 백성들에게 설명한다.

내가 오늘 명하는 모든 명령을 너희는 지켜 행하라 그리하면 너희가 살고 번성하고 여호와께서 너희의 조상들에게 맹세하신 땅에 들어가서 그것을 차지하리라 네 하나님 여호와께서 이 사십 년 동안에 네게 광야 길을 걷게 하신 것을 기억하라 이는 너를 낮추시며 너를 시험하사 네 마음이 어떠한지 그 명령을 지키는지 지키지 않는지 알려 하심이라 너를 낮추시며 너를 주리게 하시며 또 너도 알지 못하며 네 조상들도 알지 못하던 만나를 네게 먹이신 것은 사람이 떡으로만 사는 것이 아니요 여호와의 입에서 나오는 모든 말씀으로 사는 줄을 네가 알게 하려 하심이니라 이 사십 년 동안에 네 의복이 해어지지 아니하였고 네 발이 부르트지 아니하였느니라 너는 사람이 그 아들을 징계함 같이 네 하나님 여호와께서 너를 징계하시는 줄 마음에 생각하고(1-5절).

여기서, 모세는 하나님이 이스라엘 백성을 광야로 이끄신 다섯 가지 이유에 대해 밝히고 있다. 첫째, 그들을 겸손케 하시기 위해서였다. 둘째, 그들을 시험하시기 위해서였다. 셋째, 하늘 양식인 만나를 받음으로써 그분의 기적적인 양식 공급을 경험할 수 있게 하시기 위해서였다. 넷째, 그들의 마음을 영적인 일들에 집중시키기 위해서, 사람이 떡으로만 사는 것이 아니요 하나님의 말씀으로 산다는 사실을 그들에게 가르치시기 위해서였다. 다섯째, 마치 부모가 자녀를 징계하듯이, 그들을 사랑으로 징계하시기 위해서였다. 하나님은 이스라엘 백성을 어린아이 같은 상태에서 성숙한 상태로 바꾸고 계셨다. 그들에게 광야를 통과하게 하심으로써 그리하셨다.

광야에서의 양식 공급

광야에서, 하나님은 양식 공급과 관련하여 전혀 새로운 패러다임을 우리에게 가르치신다. 스스로의 힘으로 더 이상 생계비를 벌 수 없을 때, 우리는 믿음으로 사는 것이 무엇을 뜻하는지를 비로소 발견한다. 더 이상 자신을 방어할 수 없을 때, 우리는 하나님을 자신의 힘과 방패로 삼는 법을 배운다. 광야에서 우리는 다른 곳에서는 얻을 수 없는 중요한 진리를 배운다. 그것은 바로 '여호와 이레' 곧 하나님이 우리를 부양해 주신다는 사실이다.

하나님이 우리를 광야로 이끄실 때, 종종 그분은 우리의 자원이 일시적으로 끊어지게도 하신다. 우리 스스로 필요를 채울 힘이 사라지는 것이다. 하지만 그는 언제나 공급해 주신다.

이스라엘 백성은 40년 동안을 광야에서 방황했지만, 그 옷과 신이 해어지지 않았다. 참으로 놀라운 공급 방식이다. 이 일은 나의 광야 기간 동안, 하나님이 어떻게 '1993년식 포드 익스플로러' 자동차로 37만 킬로미터나 달리게 하셨는지를 상기시킨다.

하나님이 당신의 백성을 위해 공급하셨던 또 다른 양식은 바로 '만나'였다(출 16:31; 민 11:7-8 참조). 그것은 얇고 작은 조각으로 마치 서리처럼 온 지면을 덮었다. 맛은 꿀과 기름을 섞은 과자 같았다. 만나는 (안식일만

제외하고) 매일 하늘에서 떨어졌으며, 이스라엘의 40년 광야 여정의 주식이 되었다.

하나님은 이 만나 속에 자기 파괴적인 특성을 넣어 두셨다. 만일 누군가가 (안식일 전날 이외의 날에) 하루 분량 이상을 거두면, 그것은 썩어 구더기로 덮였던 것이다(출 16:20 참조). 여기서 전하는 메시지는 분명하다. 하나님은 이스라엘 백성이 매일같이 당신의 공급에 의지하도록 가르치고 계셨다. 때문에 미리 만나를 비축한 사람은 그 다음날에도 양식을 주실 하나님을 신뢰치 않았던 셈이다.

한때 나는 만나를 쌓아 두었다가 썩히고 만 그들과 똑같았다. 오랫동안 나는 하나님을 신뢰한다고 생각했지만, 언젠가는 돈이 고갈될 수도 있다는 두려움에 항상 사업 소득을 비축하고 있었다. 물론 십일조와 헌금은 냈지만, 충분히 많은 돈을 은행에 넣어 둬야 한다고 생각했다. 즉 나는 믿음으로 사는 것이 아니라 두려움으로 살고 있었던 것이다.

주님은 내가 그분의 공급만을 신뢰하는 법을 배울 필요가 있다고 판단하셨는지 어느 순간 내 재력을 쓸어 버리셨다. 하나님은 우리가 두려움이 아니라 신뢰로써 살아가길 원하신다. 우리가 두려움으로 행할 때, 주님은 우리를 자애롭게 징계하여 당신을 신뢰하는 법을 가르치신다.

나는 은행과 다른 회사에 갚아야 할 채무가 많았고 매달 많은 현금이 필요했다. 그 무렵 나는 한 고객과의 자문 계약을 마무리했는데, 그 수입을 대체할 다른 대안은 전혀 없다고 생각했다. 그러나 하나님은 광야에서 만나를 공급하시듯 내게 새로운 수입을 제공해 주셨다.

어느 날 새로운 사역처로부터 다음 해에 컨설팅을 함께하자는 요청이 들어왔다. 그 사역의 책임자는 자기 개인 돈으로 내 임금을 떠맡게 하시는 하나님의 지시를 감지했다고 말했는데, 그것은 꽤 많은 금액이었다. 1년 후에 계약이 갱신되자, 재정적인 지원은 절반으로 줄었다. 내가 절반으로 줄어든 수입을 어디서 보충해야 할지를 고민하고 있을 때, 한 통의 전화가 걸려 왔다. 내 계좌로 2만 달러를 방금 보냈다는 한 후원자의 전화였다. 정말이지 그 선물은 나를 안심시키시는 하나님의 메시지였다. "오스, 너는 아무것도 염려할 필요가 없다. 난 여전히 너를 부양하고 있으니 말이다."

내가 7년간의 요셉 구덩이 경험을 하는 동안, 하나님은 내 삶의 깊은 곳에서 역사하고 계셨다. 나는 어느 그룹의 간부들에게 연설해 달라는 요청을 받았다. 하지만 솔직히 별로 가고 싶지가 않았다. 그 초청에 응하자면 최소한 2-3일은 할애해야 할 텐데, 사례금은 겨우 몇 백 달러에 불과했던 것이다. 당시엔 재정적으로 골머리를 앓던 터라, 그것을 하나님과 다른 사람들을 섬길 기회로 보기보다는 낮은 사례비의 허드렛일로만 여겼다. 하지만 이에 대해 기도하면서 하나님이 가라고 지시하심을 자각했다. 그래서 갔다.

예상했던 대로, 그 그룹은 작았고 사례금도 적었다. 거기서 머무는 동안은 대부분의 시간을 한 리더에게 할애했는데, 그가 결혼 생활에 심각한 위기를 맞고 있었기 때문이었다. 모든 일정을 마무리하고 다시 미국으로 돌아오려 할 때, 나는 내 책들을 다 싸들고 가고 싶지가 않았다. 그래서 책의 대부분을 거기에 남겨 두고 떠났다. 이때만 해도 무슨 일이 일어날지는 전혀 예상하지 못했다.

트리니다드에 사는 한 사람이 내가 남겨 둔 책 중 하나를 집었다. 그 책의 메시지에 깊은 감명을 받은 그는 내게 전화를 걸어 왔다. 그해 연말에 열릴 큰 경제계 집회에서 연설을 해 달라는 요청이었다.

얼마 후 카리브 해의 22개 섬들에서 온 사람들이 모여 요셉 소명에 관한 내 연설을 들었는데, 그중 한 사람이 나를 찾아와 큰 도움을 받았다며 인사를 건넸다. 성공한 사업가인 그 남자는 그해 12월에 댈러스에서 열린 집회에도 참석했다. 그리고 1월 2일, 그로부터 5,000달러짜리 수표가 동봉된 우편 봉투 하나가 도착했다. 나를 강사로 초대했던 사람은 이후로도 친한 친구이자 사역의 동역자로서 지내고 있다.

나는 원치 않는 강연 부탁을 수락했을 뿐인데 하나님은 축복 위의 축복을 베푸셨다. 나는 이 사건을 통해 핵심적인 교훈을 배웠다. '우리가 당신의 소명에 순종하는 바로 그 순간에 하나님의 축복이 항상 임하는 건 아니다.' 때로 그 축복은 시간이 지난 후에, 우리가 결코 예측할 수 없는 일련의 상황들에 의해 확대되고 증가되어 임한다.

가진 것을 모두 그들에게 주라

내 친구이자 멘토인 군나르 올슨은 자기네 부부에게 하나님의 기적적인 공급이 임했던 몇 년 전의 이야기를 들려주었다. 어느 저녁, 아내 에스더와 올슨은 한 친구의 집에서 열린 기도회에 참석했다. 몹시 큰 집이었지만, 널따란 거실에 100명 정도의 사람들이 모여들자 자리가 다소 빽빽해졌다. 군나르는 혼자서 기도할 만한 한쪽 구석을 발견하고는 이내 무릎을 꿇었다. 그런데 기도 중에 하나님이 자신이 가진 모든 것을 그들에게 주라고 말씀하셨다.

군나르로서는 전혀 예상치 못한 일이었다! 하나님의 메시지를 듣고서 그는 깜짝 놀랐다. 자신이 혹시 광신자가 된 게 아닐까 하고 두려운 마음조차 들었다. 더욱이 당시는 새 사업을 시작하기 불과 몇 주 전이었기에 가진 돈 모두를 끌어 모아야 할 형편이었다.

군나르는 아내에게 자신이 들은 하나님의 음성에 대해 말했다. 그러자 아내는 조금 놀라는 듯하더니 이내 이렇게 대답했다. "군나르, 우리는 새로운 사업 방향을 놓고서 하나님의 인도하심을 구해 왔어요. 우리는 이 사업의 기초를 우리의 사업 능력만이 아니라 하나님 말씀에 대한 순종에도 두길 원하잖아요. 아마 이 메시지는 우리 자신의 노력에 의지하는 마음을 돌이켜 전적으로 그분만을 의지하도록 하시려는 하나님의 방식일 거예요. 일주일간 금식 기도를 해야겠어요."

에스더는 금식 기도를 하면서 하나님의 뜻을 분명히 알게 해 달라고 간구했다. 마침내 한 주가 끝날 무렵, 그녀는 군나르에게 가서 간단히 말했다. "좋아요. 그렇게 합시다."

다음날, 군나르와 에스더는 은행 예금을 모조리 찾고, 호주머니 돈을 보태고, 심지어는 아이들의 돼지 저금통까지 털어 그 가족에게 전해 주었다.

돈을 받은 가족들에게는 이 일이 곧 전환점이 되었다. 뿐만 아니라 군나르와 에스더에게도 이 사건은 더욱 심오한 전환점이 되었다. "주께서는 그분이 하시는 일을 알고 계셨어요." 그는 회고한다. "우리의 저금이 사라졌습니다. 우리 가족의 안전지대와 함께 말이죠. 우리의 삶은 이제 완전히 바뀌었어요. 에스더와 나는 아침 식탁에 앉아서 새로운 상황을 두 자녀에게 설명했어요. 당시 매츠는 7살이고, 기트는 5살이었죠. '너희가 배고플 때 엄마 아빠에게 오면 우리가 먹을 걸 주지? 하늘에 계신 우리 아버지도 마찬가지란다. 우리에게 필요한 것이 있다면, 하나님께 기도하고 우리를 향하신 그분의 사랑을 신뢰하기만 하면 되는 거야.' 나는 우리가 한 일을 아이들에게 얘기했어요. 그리고는 '자, 이제 하늘에 계신 우리 아버지께 말씀 드리자. 우리를 사랑하시는 아버지께서 오늘 우리에게 필요한 것을 주실 거야'라고 말했답니다."

군나르와 에스더와 매츠와 기트는 무엇을 간구했을까? 그것은 매우 단순하고 기본적인 몇 가지였다. 버터, 커피, 우유, 그리고 두 덩어리의 빵이었다. 식사거리를 간구한 후, 그들은 필요한 모든 것을 예수님 안에서 이미 공급해 주신 하나님께 감사드렸다.

그리고 몇 시간이 지나지 않아, 이웃 사람이 문을 두드렸다. "시내에

갔더니 빵이 너무 싸서 열 덩어리나 사 왔답니다. 우리 식구가 먹기에는 너무 많아요. 네 덩어리를 가져왔으니 좀 드셔 보세요." 그 이웃은 그들이 간구한 빵의 두 배를 가지고 왔다.

군나르와 에스더는 그들의 필요와 간구를 다른 누구에게도 얘기하지 않았지만, 하나님은 이웃을 통해 그들에게 빵을 보내 주셨다. 그날이 지나기 전에 버터와 커피와 우유 역시 예상치 못한 방식으로 조달되었다. 올슨 가족은 그날 강력한 교훈을 배웠다. 예수님은 살아계시며 우리의 삶에 관여하신다! 단순하고 기본적인 것들마저 굽어 살피신다!

이 교훈은 하나님이 우리를 광야로 이끄심으로써 우리에게 가르치고자 하시는 수많은 교훈 가운데 하나일 뿐이다. 부디 광야의 고독을 두려워하지 말라. 준비 학교를 두려워하지 말라. 우리가 인생의 필요를 공급하시는 하나님을 신뢰할 수 있는 까닭은 그분의 약속이 확실하기 때문이다.

> 그들이 주리거나 목마르지 아니할 것이며 더위와 볕이 그들을 상하지 아니하리니 이는 그들을 긍휼히 여기는 이가 그들을 이끌되 샘물 근원으로 인도할 것임이라(사 49:10).

# 깊은 영성을 위한 질문들

01. 광야 같은 삶을 경험한 적이 있는가? 당신의 기분은 어땠고, 하나님과의 관계는 어땠는가? 그 광야에서 당신 자신과 하나님에 관해 배운 교훈은 무엇인가?

02. 필요한 것을 예상치 못한 방식으로 하나님이 공급해 주셨던 경험을 얘기해 보라. 그런 일이 당신의 믿음에 어떤 영향을 미쳤는가?

03. 군나르와 에스더에 관한 이야기를 잠시 생각해 보라. 그들의 순종과 뒤이은 하나님의 손길에서 당신이 배운 교훈은 무엇인가?

THE UPSIDE OF ADVERSITY

제2부

지도자를 위한 테스트

테스트 1 : 유다 시험

테스트 2 : 성실성 시험

테스트 3 : 인내 시험

테스트 4 : 성공 시험

05
테스트 1 : 유다 시험

예수께서 이르시되 유다야 네가 입맞춤으로 인자를 파느냐?
누가복음 22:48

사업상 최악의 위기에 다다랐을 때, 나는 소위 '유다 시험'을 겪었다. 그 시험을 겪은 것은 가장 큰 고객(우리 회사 매출의 70%를 올려 주었던 고객)을 잃고, 연이어 나의 친한 친구이자 그리스도인 형제였던 부사장이 회사를 떠나 두 번째 큰 고객을 가로챘을 때였다.

그는 나와 경쟁 관계에 서지 않겠다는 합의서에 직접 서명까지 했었다. 그래서 일이 생긴 초기에, 나는 법적으로 대응할 생각을 품었다. 하지만 기도를 많이 하고 그리스도인 친구들의 조언을 들은 후, 그 사람을 풀어 주기로 결심했다. 약속을 어긴 행동을 인정해 줄 수는 없지만 합의서를 문제시하진 않겠노라고 그에게 말해 준 것이다.

그동안 신뢰하던 친구가 유다로 돌변했다. 그러나 나는, 주께서 나를 용서하셨으므로 나도 그에게 악의를 품어서는 안 된다고 생각했다. 예수님은 "원수를 사랑하라"고 말씀하셨기 때문이다.

나는 친구도 잃고 돈도 잃었지만, 하나님은 여전히 나를 보살피고 계셨다. 그 과정에서 나는 "오스, 너는 내가 가르치려고 하는 것을 파악하기 시작했구나. 나는 네가 그 사람을 풀어 주고 그 모든 결과를 내 손에 맡기길 원하느니라. 그렇게 하는 네 모습을 보니 내 마음이 기쁘다. 너는 유다 시험을 통과했구나" 하며 내 영혼에게 말씀하시는 하나님의 음성을 들었다.

그 후 몇 년이 지나자 그 사람이 내게 찾아와 용서를 구했다. 나는 이미 그를 용서했다고 말해 주었다. 그리고 다시 12년이 지난 후 그는 자신의 요셉 구덩이에 빠져 나의 조언을 들으러 왔다.

내게 상처를 준 사람이 사과를 하든지 하지 않든지 상관치 말라. 정말 중요한 일은 하나님께 복종하는 가운데 우리에게 죄지은 자들을 용서하는 것이다. 그들을 용서할 때 우리는 하나님의 인정을 받는다.

요셉의 네 가지 시험

하나님은 요셉에게 특별한 네 가지 시험을 거치게 하셨다. 성경에 시험이라는 표현으로 직접 언급되진 않았지만, 나는 요셉이 연속적으로 시험을 거쳤다고 생각한다. 한 가지 시험을 지나면 또 다른 시험이 기다리고 있었는데, 요셉이 마지막 시험을 통과하자 마침내 하나님은 그에게 애굽 권력의 두 번째 자리를 선사하셨다. 뿐만 아니라 요셉이 그 자리에 앉은 후로 하나님은 역사 속에서 요셉을 사용하여 그분의 목적을 이루기 위한 놀라운 일들을 진행해 가셨다.

요셉이 직면한 첫 번째 시험은 유다 시험으로, 예수께서 가룟 유다에 의해 배신 당하셨듯이, 버림과 배신을 당하는 시련이었다. 요셉의 형들이 그를 배신하여, 요셉을 구덩이에 던지고 노예로 판 일이 그것이다. 그러나 요셉이 악감정을 극복하자 그는 유다 시험을 통과했다.

요셉의 두 번째 시험 곧 성실성 시험은 보디발의 집에서 일할 때 찾아왔다. 보디발의 아내는 계속해서 요셉을 유혹했는데 그는 일관되게 이 유혹을 거부했다. 사실 이런 유혹은 가장 이겨 내기 힘든 시련들 중 하나인데, 요셉의 경우엔 특히 더욱 힘들었다. 왜냐하면 보디발의 아내가 요셉에게 영향력을 행사할 만한 위치에 있었기 때문이다. 하지만 결코 그 유혹에 넘어가지 않음으로써, 요셉은 성실성 시험을 통과했다.

요셉의 세 번째 시험은 보디발의 아내로 인해 감옥살이를 할 때 찾아왔다. 감옥에서 요셉은 한 사람의 꿈을 해석해 주었다. 이 일로 그 사람은 요셉을 돕겠다고 약속했는데, 감옥에서 풀려나자 곧 요셉을 까맣게 잊어버렸다. 여러 해 동안 요셉은 감옥에서 외롭고 무기력하게 지내야 했다. 이 시험은 끝나지 않을 듯한 시련으로, 다름 아닌 인내의 시험이었다. 그리고 이 시험을 통과했을 때, 요셉은 최종 시험을 맞을 준비가 되어 있었다.

요셉의 네 번째 시험은 성공의 시험이었다. 그 시험은 바로가 요셉을 석방하여 권력자의 자리에 앉혔을 때 찾아왔다. 우리 중 대부분은 이렇게 말할 것이다. "요셉은 부귀와 권세를 얻지 않았는가? 그게 무슨 시험인가? 부귀와 성공의 시험이라면 나는 언제든지 환영할 준비가 되어 있다." 하지만 성공의 시험은 우리가 생각하는 것보다 훨씬 더 고되다. 설교자 찰스 스펄전(Charles H. Spurgeon)은 이렇게 말했다.

> 번창하는 것은 위험한 일이다. 차라리 그리스도인에게는 역경의 도가니가 번창의 도가니보다 훨씬 덜 심각한 시련이다 …풍족하면 하나님을 잊기 쉽다. 세상 것으로 만족하면 천국 없이도 만족스러워한다. 실로 배고프게 지내는 법을 알기보다는 풍족하게 지내는 법을 알기가 더 어렵다. 하나님을 잊으려는 교만한 인간의 본성은 너무나 강렬하다.[1]

이제, 우리는 요셉의 네 가지 시험 중 첫 번째인 유다 시험에 관해 살펴볼 것이다. 그 밖의 것들은 다음 장에서 연이어 다루도록 하겠다.

요셉, 예수님의 모형

히브리어에서 "요셉"이라는 이름은 '하나님이 늘리실 것이다' 또는 '하나님이 더하신다'라는 뜻을 지닌다. 그런데 바로는 요셉을 출옥시켜 애굽의 2인자 자리에 앉힌 후에 그에게 "사브낫바네아"라는 애굽식 이름을 지어 주었다(창 41:45 참조). 요셉의 애굽식 이름은 '세상의 구원자'라는 뜻을 담고 있는데, 이는 요셉이 예수 그리스도의 예표적 상징 인물임을 암시한다. 요셉의 생애를 예수님의 생애와 비교하다 보면, 상징적인 유사성을 참으로 많이 발견하게 된다.

요셉이 자기 형제들에 의해 버림받았다면, 예수님은 자기 백성에 의해 버림받았다. 또 요셉은 배신 당하여 은 20냥에 팔렸고, 예수님은 배신 당하여 은 30냥에 팔리셨다. 요셉은 비천한 종으로서 일했고, 예수님은 겸손한 종으로 오셨다. 요셉의 형들이 그를 죽이고자 했으나 요셉은 결국 노예로 팔려 애굽으로 끌려갔다(창 37:28 참조). 그리고 아기 예수님은 애굽으로 옮기심으로써 헤롯의 살해 위협에서 벗어나셨다(마 2:13 참조).

요셉은 보디발의 아내에 의해 무고를 당했고, 예수님은 재판정에서 무고를 당하셨다. 요셉은 결백했고, 예수님은 죄가 없으셨다. 요셉은 이방인들의(애굽인들의) 손에 고통 당했고, 예수님은 이방인들(로마인들)의 손에 고통 당하셨다. 둘 다 시험에 직면했지만, 둘 다 시험을 물리쳤고 죄에 빠지지 않았다.

요셉과 예수님은 모두 30세에 공적 사역을 시작했다(창 41:46과 눅 3:23을 비교해 보라). 요셉과 예수님은 장래의 일을 예고하는 예언적인 사역을 행하셨다. 요셉은 훗날 구원하게 될 형제들을 위해 시련을 당했으며, 예수님은 모든 인류를 위해 고난을 당하셨다. 요셉은 자신을 구덩이에 던진 형들을 용서했고, 예수님은 자신을 십자가에 못 박은 자들을 용서하셨다.

그리고 성경이 증거하듯 요셉과 예수님은 하나님의 성령으로 충만했다 (창 41:38; 눅 4:1 참조).

요셉은 온 나라를 기아로부터 구했으며, 그를 통해 많은 나라의 사람들이 복을 받았다(창 41:57을 보라). 예수님은 세상을 죄로부터 구원하셨고, 그를 통해 많은 나라의 사람들이 구원을 받았다. 요셉은 굶주리는 이들에게 떡을 주었고, 예수님은 많은 사람들을 먹이신 후에 "나는 생명의 떡"(요 6:35)이라고 말씀하셨다.

이처럼 하나님은 요셉을 예언적인 방식으로 들어 쓰셨고, 그의 삶을 그리스도와 닮은 모습으로 다듬어 가셨다. 요셉의 삶은 신약의 실재에 대한 구약의 예표로써, 장차 오실 메시아를 가리키는 이정표와 같았다. 그러나 요셉을 예수님을 가리키는 예언적 상징으로 활용하시기 이전에, 하나님은 역경을 통해 이 젊은이의 인격을 먼저 다듬으셨다.

수준급의 신앙, 용서

배신은 참 힘든 시험 가운데 하나다. 자신이 신뢰하는 누군가에 의해 상처 받는 경험은 참으로 가혹하다. 친구나 가족들에게 상처를 받으면 마음이 처참해진다. 그래서 배신자를 용서하기까지 많은 은혜가 필요하다. 아마 당신 역시 유다 시험에 직면해 본 적이 있을 것이다. 당신의 사장이나 직장 동료에게 배신을 당했거나, 혹은 누군가가 신뢰를 저버리고 뒷전에서 당신을 험담했던 적도 있을 것이다. 심지어 함께 교회에

다니거나 더불어 기도하던 사람으로부터 상처를 입었을지도 모른다.

유다의 키스는 뺨을 때리는 것보다 더 큰 아픔을 준다. 내가 아는 거의 모든 지도자들은 한 번 이상 이런 아픔을 겪었다고 털어놓았다. 그런데 하나님은 우리가 이 유다 시험에 어떻게 반응하는지를 주시하고 계신다. 만일 그 시험을 통과하면 그분은 우리를 다음 단계로 데리고 가실 것이다. 그러나 반대로 실패하면, 우리는 용서하는 법을 배울 때까지 그 시험을 반복해야 할 것이다.

히브리서는 "너희는 하나님의 은혜에 이르지 못하는 자가 없도록 하고 또 쓴 뿌리가 나서 괴롭게 하여 많은 사람이 이로 말미암아 더럽게 되지 않게 하며"(12:15)라고 경고한다. 그러므로 배신한 자들을 용서하지 않으려 할 때, 우리는 하나님의 은혜를 간과하는 죄를 짓는 셈이다. 더욱이 다른 사람들에게도 분개의 "쓴 뿌리"를 오염시키고 만다.

여러 차례에 걸쳐 유다 시험에 직면했던 다윗 왕은 배신의 고통을 너무나 잘 이해하고 있었다. 그는 시편에서 자신이 겪은 배신에 대해 이렇게 한탄한다.

> 나를 책망하는 자는 원수가 아니라 원수일진대 내가 참았으리라 나를 대하여 자기를 높이는 자는 나를 미워하는 자가 아니라 미워하는 자일진대 내가 그를 피하여 숨었으리라 그는 곧 너로다 나의 동료, 나의 친구요 나의 가까운 친우로다 우리가 같이 재미있게 의논하며 무리와 함께하여 하나님의 집 안에서 다녔도다(시 55:12-14).

우리 자신의 힘으로는 원수를 사랑하거나 용서할 수 없다. 이런 사랑은 수준급의 은혜를 필요로 한다. 그러나 우리는 이 같은 인격 수련 학교에 기꺼이 들어가려 하는가? 이 같은 시험을 기꺼이 당하고자 하는가? 하나님은 당신의 나라에서 우리를 더 크게 사용하시기 위해 훈련과 준비의 과정에서 우리의 수준을 한 단계씩 높이려 하신다.

약한 것이 강한 것으로

1997년 애틀랜타에서 경제계 수뇌 회의가 처음으로 개최된 바로 다음날, 군나르 올슨과 나는 아침식사를 함께했다. 군나르는 당시에 내가 갖가지 유다 시험들을 거치고 있음을 알고 있었다.

"오스, 아브라함의 유업이 땅이라면 당신의 유업은 관계입니다. 당신은 사람들을 서로 연결시키죠. 나는 기독교 사업가들을 함께 모이게 하려고 여러 해 동안 부단히 노력했지만 결국 성공하지 못했어요. 그러나 하나님이 당신을 사용하심으로써 이 회의가 열리게 된 거예요. 당신은 하나님 나라를 위해 사람들을 모으라고 보내심을 받은 경제계의 사도인 셈이죠.

하지만 관계 유지에 특별히 주의해야 합니다. 사탄은 당신의 유업을 넘보며 늘 유혹하니까요. 사탄은 롯이 더 나은 땅을 갖도록 부추김으로써 아브라함을 공격했어요. 하지만 아브라함은 롯에게 좋은 땅을 기꺼이 양보함으로 보다 높은 길을 선택했죠. 사탄은 당신의 유업인 '관계'

라는 영역에서 공격을 가할 겁니다. 그러니 당신을 배신하는 자들을 향한 쓰디쓴 감정을 떨쳐 버림으로써 더 높은 길을 택해야 합니다."

나는 유다 시험에 직면할 때 종종 그 조언을 상기했다. 올슨의 이 말은 상처를 준 사람들을 용서하는 데 큰 도움이 되었다.

다만 용서를 화해와 혼동해서는 안 된다. 우리에게 해를 가한 어떤 사람과 화해하는 것이 불가능한 때도 있고, 심지어 그 일이 바람직하지 않은 때도 있다. 틈만 나면 악을 행하며 파괴적인 성향을 드러내는 이들과 관계를 유지하는 일은 건전하지 않다.

때로는 해결될 수 없는 의견 충돌이 일어나는 경우도 있다. 하지만 어느 한쪽이 악해서라기보다는, 그저 의견 차이나 성격상의 충돌에 의한 상황일 때가 많다. 바울과 바나바의 관계가 그 좋은 예인데, 두 사람은 복음 사역의 파트너로서 마가 요한을 놓고 심각한 의견 차이를 보였다. 사도행전 15장에 의하면, 바나바는 마가를 선교 여행에 데려가길 원한 반면 바울은 그에 반대했다. 마가가 이전에 그를 실망시킨 적이 있었기에 바울은 마가에게 또 다른 기회를 주고 싶지 않았다. 결국 바울과 바나바는 갈라서서 각자 다른 길로 향했다. 때로는 이처럼 갈라서는 것이 유일한 해결책이다.

흥미롭게도, 이 이야기의 후기가 있다. 디모데후서 4장 11절에 의하면 바울은 로마 감옥에서 디모데에게 이렇게 쓴다. "누가만 나와 함께 있느니라 네가 올 때에 마가를 데리고 오라 그가 나의 일에 유익하니라." 바울과 바나바 사이에 의견 대립 후 어느 시점에 이르자, 마가는 자신의 실추된 이미지를 회복하고 바울의 소중한 사역 파트너가 되었다. 그리고 로마에서 처형 당하기 전에 바울은 자기 곁에 마가가 있어 주길 원했다.

나 또한 화해까지는 힘들더라도 용서만은 하기를 원하시는 하나님의 의중을 느꼈던 두 가지 사건을 겪었다. 1장에서 나는 요셉 구덩이 경험 초기에 한 광고 대행사가 재정적으로 내게 큰 손실을 입혔던 사실에 대해 밝혔다. 가장 큰 고객이 14만 달러의 대금 지불을 거부했던 일이 그것이다. 사건이 있은 지 약 6개월 후, 나는 우리 회사의 사업 태도를 분석하고 기독교적 기준에 의거한 운영에 만전을 기하고자 임원 회의를 소집했다. 나는 회사나 나 자신이 어떤 고객에게든지 잘못했던 적이 있었는가를 알고 싶었다. 그래서 친구이자 멘토인 존을 초청하여 그 논의에 동참시켰다.

우리는 사례별로 하나씩 함께 평가했는데, 막바지에 이르렀을 무렵 최근에 고용된 앤이라는 비서가 "14만 달러의 대금 지불을 거부했던 회사는 어떻게 하나요?"라고 질문했다. 하루종일 제기되지 않던 주제를 하나님이 앤으로 하여금 제기하게 하셨다는 사실이 흥미로웠다. 이를 통해 나는 조직 내에서 아무리 낮은 위치에 있는 사람에게라도 발언권을 주어야 한다는 점을 배웠다.

아무튼 나는 그 상황을 나의 멘토인 존에게 간략히 설명해 주었다. 고객이 대금 지불을 거부한 까닭은 인쇄물의 상태가 마음에 들지 않는다는 이유에서였다. 고객을 만족시키기 위해 나름 최선을 다했지만 아무 소용이 없었다. 마침내 나는 그 고객에 대한 소송을 제기했다. 그 고객이 사용하는 광고물을 제작하느라고 4만 달러 이상을 지출했기에, 나로서는 당연한 수순이었다.

하지만 존은 내 생각의 잘못된 점을 지적했다. 진짜 피의자는 제조업자라는 것이다. 그 사람이 결함 있는 제품을 제공했기 때문에 이 모든 일이 발생했다는 게 그의 논리였다. 물론 대금 지불을 하지 않고도 제품을 사용할 권리가 고객에겐 없지만, 적어도 합리적인 시정 요청을 할 권한은 있다는 말이다. 결국 나는 그 고객의 부당한 행동으로 인해 그의 적법한 불평마저 무시한 셈이었다.

존은 나를 정당화해서는 안 된다고 말했다. "자네는 소송을 취하하고 그에게 용서를 구할 필요가 있어." 나의 행동을 변호했지만, 존은 내가 잘못했다고 주장했다. 한참 시간이 지난 후에야 비로소 나는 그의 말이 옳다는 걸 알았다. 분별력이 없고 완고한 나를 위해, 하나님은 관계 회복을 위한 노력이 필요함을 존을 통해 알려 주셨다. 그래서 존이 옆에 있을 때 나는 변호사에게 전화해 소송 취하 의사를 밝혔다.

변호사는 깜짝 놀랐다. "오스, 너무 늦었어요. 상대방이 이미 맞고소를 제기했어요. 만일 당신이 지금 소송을 취하한다면 꼼짝없이 당하고 말 겁니다. 예전에 잃은 돈 외에 수십만 달러를 더 잃을 수도 있어요. 상대방이 소송을 취하하면 당신도 취하할 거라고 말하세요. 내 생각에는 우리가 그들로부터 2만 달러 정도는 받을 수 있을 겁니다."

나는 존을 바라보았다. 그러나 그는 고개를 저으며 "소송을 취하해"라고 나지막이 말했다.

"상대방의 취하 여부에 상관없이 소송을 취하하고 싶어요." 나는 말을 이었다.

변호사는 한숨을 쉬었다. "당신 문제이니 어쩔 수 없죠."

다음에 할 일은 그 고객과의 대화였다. 내가 통화를 시도했지만 그는 거부했고, 할 수 없이 나는 그의 비서와 통화를 했다. "사장님에게 이 말을 꼭 전해 주기 바랍니다. 한마디도 가감치 말고 그대로 전해 주세요. '내가 당신에게 죄를 지었어요. 용서를 받을 자격이 없는 걸 알지만, 당신을 상대로 소송을 제기한 데 대해 정중히 사과합니다. 만일 당신이 내게 아무런 빚이 없다고 생각한다면, 더 이상 갚지 않아도 됩니다.'"

그 비서의 우는 소리가 수화기로 들려왔다. 그녀는 자신의 귀에 들리는 말을 믿을 수 없다고 말했다. 1시간쯤 후에는 그 고객에게서 전화가 걸려 왔다. 우리는 6분 동안 서로 아무 말이 없었다.

"전화하셨다고 비서를 통해 들었어요." 그가 먼저 말했다.

"비서가 내 말을 그대로 전해 드리던가요?"

"네."

"내가 상황을 잘못 판단했어요. 이미 소송을 취하했습니다. 당신의 용서를 구하고 싶습니다."

"당신이 남긴 말을 듣고서 나는 몹시 난처했어요."

"난처했다고요? 왜요?"

"나는 사람이 이런 식으로 하나님의 징벌을 당하는 걸 보고 싶지 않아요."

나는 그가 나의 사과를 왜 그런 식으로 보는지 이해할 수 없었다. 그래서 나는 다음과 같이 대답했다. "나는 이 일을 하나님의 징벌로 보지 않아요. 그분은 내게 무분별함을 자각할 수 있는 은혜를 베푸셨어요. 이 결정은 내 자신의 순수한 의지에 따른 겁니다. 나를 용서해 주시는 건가요?"

"그럼요. 당신을 용서합니다."

그도 고소를 취하했다. 며칠 후, 나는 그를 방문해 함께 저녁식사를 나누었다. 정말로 포근한 저녁이었다. 하지만 문제의 대금 결제에 대한 그의 입장은 여전했다. 그는 한 푼도 지불할 의사를 보이지 않았다. 결국 내 주머니를 털어 제조 비용을 갚는 데만 5년이 걸렸다.

이후 몇 년간은 재정적인 문제들로 인해 몹시 힘들었지만, 하나님은 내게 필요한 것들을 공급해 주셨다. 되돌아보면 그것은 내게 닥친 유다 시험이었다. 내가 분노를 삭이며 용서를 구하자 비로소 그 시험에서 벗어났으며, 그 상황에서 하나님이 영광을 받으셨던 것이다.

하나님이 내 삶에 허용하신 또 다른 유다 시험들도 있었다. 이를테면, 나의 친구이자 멘토였던 한 친구와의 사이에 수습할 수 없는 의견 충돌이 그러했다. 가장 친한 친구였던 그가 나의 원수로 변하는 건 상상도 할 수 없는 일이었다. 나는 하나님께 앞으로 그를 어떻게 대해야 하는지 알려 달라며 간구했다. 그러자 예수님의 말씀이 떠올랐다. "너희 원수를 사랑하며 너희를 박해하는 자를 위하여 기도하라"(마 5:44).

"주님, 내가 이 사람을 사랑해야 한다는 뜻은 아니시죠? 나에게 상처를 주고서도 화해하길 거부하는 이 친구를 어떻게 사랑할 수 있습니까?" 하나님께 따지듯이 묻던 중, 문득 예수께서 배신 당하기 전에 친히 무릎을 꿇고 앉아 가룟 유다의 발을 씻어 주시던 장면이 생각났다. 순간 나는 하나님이 '나의 유다'의 발을 씻어 줄 것을 요구하고 계심을 깨달았다.

나의 친구이자 멘토였던 그는 우리 광고 대행사의 고객이기도 했다. 그는 기독교 작가이자 강연자였는데, 나는 그의 사역과 책들을 계속 선전함으로써 그를 축복하기로 결심했다.

과연 그가 내게로 돌아와 서로 화해했을까? 7년이 지나서야 그랬다. 그러나 설령 그가 나와 화해하지 않았다고 해도, 나는 하나님이 지시하신 대로 따랐어야 한다는 걸 안다. 나의 유다의 발을 씻어 줌으로써 나는 이 시험을 통과한 것이다.

하나님은 우리가 용서하면 모든 일이 해피엔딩으로 끝나리라고 약속하지 않으셨다. 대금 지불을 거부했던 사람이 갑자기 대금을 지불한다거나, 또 화해를 거부했던 사람이 즉각 마음을 돌이킨다거나 하는 일이 없을 수도 있다. 예수님도 자신을 처형하려던 자들을 용서하셨지만, 그들이 십자가 처형을 중단했던 것은 아니다.

유다 시험은 원하는 결과를 얻는 일과는 전혀 상관이 없다. 오히려 우리가 자신의 가룟 유다를 용서할 정도로 하나님을 신뢰하고 있는지를 확인할 수 있는 좋은 기회다. 이것은 그리스도인의 순종에 있어 수준급의 코스다. 나는 하나님께 크게 쓰임 받는 지도자들이 모두 이 유다 시험을 통과해야 한다고 믿는다.

우리가 주 예수님을 기꺼이 본받고자 하는가 그렇지 아니한가를, 하나님은 알고 싶어 하신다. 자기 유다들의 발을 씻어 주지 않으려 하면서 어찌 그리스도의 제자라고 말할 수 있겠는가?

깊은 영성을 위한 질문들

01. 요셉이 자신을 노예로 팔아 넘겼던 형들을 용서하기까지 얼마나 걸렸을까? 당신의 생각은 어떠한가?

02. A. W. 토저는 "하나님이 어떤 이에게 깊은 상처를 주기 전에 과연 그를 크게 축복하실지 의문이다"라고 말했다. 왜 그렇게 말했다고 생각하는가? 이와 관련하여 당신은 하나님에 대해 어떤 생각을 갖고 있는가?

03. 바울은 "내가 그리스도를 위하여 약한 것들과 능욕과 궁핍과 박해와 곤고를 기뻐하노니 이는 내가 약한 그때에 강함이라"(고후 12:10)고 말했다. 당신은 자신의 연약함을 통해 하나님의 능력이 나타나게 하려고 노력하는가? 아니면 모든 면에서(재정, 관계, 명성, 의견 충돌이나 언쟁 등) 강해지려고만 하는가?

04. 용서는 화해와 어떤 면에서 다른가? 화해 없는 용서가 어떻게 가능할까?

05. 당신의 삶 가운데 유다가 있는가? 그 유다를 용서했는가? 당신은 그 유다의 발을 씻어 주었는가? 씻어 준 이유와 씻어 주지 않은 이유는 무엇인가?

06
테스트 2: 성실성 시험

사람이 감당할 시험밖에는 너희가 당한 것이 없나니
오직 하나님은 미쁘사 너희가 감당하지 못할 시험 당함을 허락하지 아니하시고
시험 당할 즈음에 또한 피할 길을 내사 너희로 능히 감당하게 하시느니라
고린도전서 10:13

『약함 가운데 온전해짐』의 저자이자 심리학 및 실천신학 교수인 게리 올리버 박사는 이렇게 회고한다. "나는 중학교 2학년이었다. 도서관에 앉아 읽기 숙제를 하고 있는데, 친구 칼이 다가와서는 옆에 앉았다. 그리고는 주위를 두리번거리더니 나지막한 소리로 '뭐 좀 보여 줄까?' 하고 물었다."

칼은 포르노 잡지를 꺼냈다. "우리 아빠는 이런 잡지를 잔뜩 가지고 있어. 너, 이거 50센트에 사지 않을래?"

머뭇거리던 게리는 이내 그것을 샀다. 음욕이 죄라는 건 알고 있었지만, 거짓말이나 도둑질만큼 나쁘진 않다면서 합리화시켰다. "하지만 그건 정말이지 해로웠다." 게리는 한탄하며 말을 이었다. "그날 일은 내

음욕과 육욕 그리고 불순함과 더불어 일평생 싸워야 하는 고투에다 불을 지폈다. 그것은 고등학교, 대학교, 신학교까지 나를 쫓아왔으며, 지금도 여전히 그러하다. 물론 이제는 대개 이 유혹을 물리치지만, 잠시 '무해한' 스릴을 즐기려는 마음이 들 때도 있다. 그럴 때마다, 잠시 동안의 즐거움은 곧바로 죄책감과 수치와 슬픔에 압도되고 만다."

성실성 시험은 요셉이 겪었던 네 가지 시험 중 두 번째에 해당한다. 그것은 성욕과 탐욕에 흠뻑 젖은 우리 사회에서는 특별히 힘든 시험이다. 하지만 하나님께 크게 쓰임 받기 위해서는 우리가 그 시험을 성공적으로 통과해야 한다. 나는 요셉에게 닥친 것보다 더 견디기 힘든 유혹을 상상할 수 없다. 그는 자신의 윤리적 입장을 굳게 지켰고 그 대가를 지불했다.

> 시험을 참는 자는 복이 있나니 이는 시련을 견디어 낸 자가 주께서 자기를 사랑하는 자들에게 약속하신 생명의 면류관을 얻을 것이기 때문이라(약 1:12).

과연 우리는 유혹에 대해 단호하게 맞서는가? 과연 우리는 자신의 마음과 몸을 순전하게 지키는 데 따르는 대가를 기꺼이 지불하려 하는가?

요셉과 성실성 시험

형들에 의해 노예로 팔렸던 요셉은, 애굽의 고위 관리 보디발에게 넘겨졌다. 요셉의 됨됨이를 지켜본 보디발은 17세 히브리 소년에게 자신의 모든 소유를 맡겼다. 건장한 보통 십대들과 마찬가지로, 요셉의 혈관 속에도 남성 호르몬이 풍부했다. 종이었던 그로서는 이성과 접촉할 기회가 많지 않았을 것이다.

그러던 어느 날 주인의 아내가 그를 유혹했다. 부유하고 권력 있는 보디발은 아마도 매력적인 여자를 아내로 맞이했을 것이다. 그런 아름다운 연상의 여인이 뜨거운 피를 가진 요셉에게 다가온 것이다. 주인은 온종일 밖에 나가 있는데 어느 누가 이 일을 알겠는가? 참으로 거부하기 힘든 유혹이었을 것이다.

하지만 요셉은 "주인이 아무것도 내게 금하지 아니하였어도 금한 것은 당신뿐이니 당신은 그의 아내임이라 그런즉 내가 어찌 이 큰 악을 행하여 하나님께 죄를 지으리이까"(창 39:9)라고 대답했다. 참으로 신실한 음성이었다.

성경은 "여인이 날마다 요셉에게 청하였으나 요셉이 듣지 아니하여 동침하지 아니할 뿐더러 함께 있지도 아니하니라"(10절)고 전한다. 요셉은 반복된 유혹을 뿌리치기 위해 확고한 태도를 견지해야 했다.

요셉을 성적으로 유혹했던 여자는 그의 삶을 좌지우지할 만한 힘을 가진 사람이었다. 어느 날 주위에 아무도 없을 때, 또 다시 보디발의 아내는 요셉의 겉옷을 움켜잡으며 "나와 동침하자"고 말했다. 그녀는 자신의 침대로 요셉을 끌어당겼지만, 요셉은 유혹에 직면한 사람이 취해야 할 유일한 행동을 선택했다. 바로 달아났다! 그러나 황급히 달아나

느라고 여주인의 손에 잡힌 겉옷가지를 미처 챙기지는 못했다.

보디발이 집으로 돌아오자, 그의 아내는 요셉의 겉옷을 보여 주면서 이렇게 말했다. "당신이 우리에게 데려온 히브리 종이 나를 희롱하려고 내게로 들어왔으므로 내가 소리 질러 불렀더니 그가 그의 옷을 내게 버려 두고 밖으로 도망하여 나갔나이다"(17-18절). 이 말을 들은 보디발은 요셉을 감옥으로 보냈다.

성실함을 고수한 결과 요셉은 어떤 보답을 받았는가? 모함을 당하여 억울하게 투옥되었다. 우리가 살고 있는 이 타락한 세상에서는 그런 일이 종종 일어난다. 때로는 의로운 자가 자신의 성실함으로 인해 호된 대가를 치른다. 하지만 성실성 시험이란 늘 그런 것이다. 하나님은 우리를 지도자의 자리로 높이기 이전에, 기꺼이 호된 대가를 지불하고서라도 당신의 뜻을 따르려는 우리의 모습을 확인하고자 하신다.

외부의 적, 내부의 배반자

우리의 대적은 페어플레이를 하지 않는다. 사실, 우리는 세 명의 대적들과 맞서고 있다. 둘은 외부의 적이고 하나는 내부의 적이다. 외부의 적은 세상과 마귀이며, 내부의 적은 바로 육신이다.

마귀는 우리를 멸하려 드는 영적인 대적이다. 그는 하나님을 대항하여 전쟁을 벌이는데, 우리의 영혼이 바로 그 싸움의 전쟁터다. 한편 세상은 우리 주위의 문화 곧 불경건한 사업 시스템(햄버거로부터 스포츠카에 이르는 온갖 제품들을 판매하고자 성적인 광고를 활용하는 체계), 부도덕한 예술 및 연예 시스템, 그리고 세상적인 동료 등을 포괄한다. 마지막으로 육신은 아담과 이브의 후손인 우리의 타락성으로 말미암아 왜곡된 욕구와 성향들을 내보인다.

마귀와 세상은 외부로부터 우리를 공격하기 위해 쉬지 않고 협력한다. 그들은 성욕과 이기심과 탐욕의 메시지를 통해 우리를 부단히 공격한다. 사탄은 줄곧 "굴복해. 너는 그럴 자격이 있어. 이것을 원하는 건 자연스러운 일이야"라고 속삭인다.

육신은 또 어떤가? 그것은 외부의 적에게 우리를 밀고하려고 애를 쓰는 내부의 배신자이다. 『광란의 사랑』에서 존 엘드리지는 이 배신자가 호시탐탐 우리 영혼의 성을 사탄에게 넘겨 줄 기회를 찾고 있노라 이야기한다.

> 진실 위에 서서 흔들리지 말라. 성 내부의 배신자는 성문을 열려고 애를 쓰겠지만 …용납하지 말라. 토마스 아 켐피스가 말하듯이 "우리는 주의해야 하며, 유혹 초기에 특히 그래야 한다. 왜냐하면 우리 마음 문을 두드리는 대적에게 애당초 문을 열어 주지 않으면, 그를 제압하기가 더욱 쉬워지기 때문이다."[1]

하나님은 우리가 이 성실성 시험을 통과하는지를 지켜보시지만, 그분 자신이 우리를 시험하지는 않으신다. 시험자는 하나님이 아니라 사탄이다. 성경은 이렇게 말한다.

> 사람이 시험을 받을 때에 내가 하나님께 시험을 받는다 하지 말지니 하나님은 악에게 시험을 받지도 아니하시고 친히 아무도 시험하지 아니하시느니라 오직 각 사람이 시험을 받는 것은 자기 욕심에 끌려 미혹됨이니 욕심이 잉태한즉 죄를 낳고 죄가 장성한즉 사망을 낳느니라(약 1:13-15).

이 말씀의 진실성은 다윗 왕의 도덕적 실패에 관한 이야기에서도 확연히 드러난다. 다윗의 생애에서 사소한 듯이 보였던 어느 선택은 결국 그를 간음과 살인으로 몰고 갔다. 다윗의 타락의 시작을 성경은 이렇게 묘사하고 있다.

> 저녁때에 다윗이 그의 침상에서 일어나 왕궁 옥상에서 거닐다가 그곳에서 보니 한 여인이 목욕을 하는데 심히 아름다워 보이는지라(삼하 11:2).

다윗은 왕궁 지붕에서 산책하던 중, 한 여인이 목욕하는 광경을 보았다. 그것은 유혹의 순간이었다. 그 장면을 외면하고 돌아설 수도 있었지만, 그는 그렇게 하지 않았다. 오늘날 많은 사람들이 케이블 TV를 통해 보듯이 혹은 퇴근 이후에 여기저기를 기웃거리며 그러듯이, 다윗 역시 벌거벗은 여자에게 색정을 품었다. 어쩌면 다윗은 "보기만 하는 건 문제될 것이 없다"면서 스스로를 합리화했을지도 모른다. 그는 이 "문제 될 것이 없는" 음욕이 결국 수천 년 동안 사람들의 입에 오르내릴 오점을 남기리라고는 생각도 하지 못했다.

다윗 왕의 문제는 벗은 여자를 보는 데서 시작되었지만, 거기서 끝나지 않았다. 그 여자가 욕조에서 나와서 집안으로 들어간 후에도, 그는 그녀에 대한 생각을 멈출 수 없었다. 그래서 다윗은 여자를 데려오게 하여 불장난을 시작했다.

밧세바는 자기 남편이자 다윗 군대의 장수인 우리아가 전쟁터에 있는 사이에 다윗 왕의 아기를 임신해 버렸다. 다윗은 자신의 죄를 감추기 위해 결국 밧세바의 남편 우리아를 전쟁터에서 죽게 하라는 명령을 내리는 데까지 이르렀다.

우리는 죄가 한 지도자의 일생에서 어떤 식으로 진전되고 있는지를 보고 있다. 다윗은 대수롭지 않아 보이는 실수, 곧 약간의 관음증과 잠시의 음욕으로부터 시작했다. 그러나 음욕은 간음이 되고 그를 은닉하기 위해 거짓말을 했다. 마침내 다윗은 살인까지 서슴지 않았다.

야고보는 "오직 각 사람이 시험을 받는 것은 자기 욕심에 끌려 미혹됨이니 욕심이 잉태한즉 죄를 낳고 죄가 장성한즉 사망을 낳느니라"(1:14-15)고 말했다. 사소해 보이는 데서 시작했으나 수치와 파탄으로 끝나는 것이다. '포르노를 살짝 보기만 하는데 뭘' 하는 생각이 들 때마다 이 점을 꼭 기억하기 바란다. 물론 유혹 받는 건 죄가 아니다. 그러나 유혹에 굴복하는 것은 죄다.

다윗 왕 같은 사람도 유혹에 넘어가 그리 타락했는데, 우리에게 과연 희망이 있을까? 그러나 유혹을 물리치는 데 필요한 모든 것이 바로 우리에게 있다. 사도 바울은 이르기를 "사람이 감당할 시험밖에는 너희가 당한 것이 없나니 오직 하나님은 미쁘사 너희가 감당하지 못할 시험 당함을 허락하지 아니하시고 시험 당할 즈음에 또한 피할 길을 내사 너희로 능히 감당하게 하시느니라"(고전 10:13)고 했다.

우리는 성실성 시험을 통과할 수 있다. 유혹이 찾아올 때 우리에게 필요한 건 그것을 타파할 전략이다.

성실성 시험을 통과하는 법

여기, 유혹을 극복할 일곱 단계의 전략이 있다. 이 성경적인 전략을 따르면 세상과 육신과 마귀를 물리치는 승리를 체험할 것이다.

:: 1단계_ 서약으로 시작하라

유혹에 넘어가지 않겠다고 자신에게, 하나님께, 그리고 배우자에게 서약하라. 분명한 경계선을 그어 놓고서 그것을 넘어서지 말라. 자신을 합리화하지 말라. 유혹거리에 눈길을 주었던 다윗의 실수를 범하지 말라.

:: 2단계_ 당신의 서약을 다른 사람과 나누라

당신이 내린 결정을 점검해 달라고 신실한 친구에게 부탁하라. 함께 성경을 공부하고 기도하며 또한 서로를 책임감 있게 점검해 줄 교회 내 그룹에 합류하라. 당신의 고투 과정을 낱낱이 밝힐 필요는 없지만, 신뢰하는 사람에게는 최대한 솔직해지라. 그리고 당신이 유혹에 대항하는 전투를 어떻게 수행하고 있는지를 정규적으로 점검해 달라고 부탁하라.

:: 3단계_ 유혹을 부추기는 스트레스에 주의하라

브루스 윌킨슨은 스트레스를 받을 때 유혹이 가장 심해지는 걸 느낀다고 한다. 그래서 그는 소위 '3분 유혹타파 기도'를 제안했다. 그는 보혜사이신 성령께 이렇게 기도한다. "사랑의 성령님, 주께서 나의 위로자가 되어 주셨습니다. 내게는 위로가 절실히 필요합니다. 나는 죄를 짓고 싶지 않습니다. 부디 나를 붙들어 주세요. 예수님의 이름으로 기도합니다. 아멘."[2]

유혹에 직면해서 이 기도를 처음 드리는 동안, 윌킨슨은 시간을 재 보았다. 어떤 효력이 있는지를 점검하기 위해서였다. 그는 이렇게 회고했다. "서서히 편안해지는 걸 느꼈다. 내 영혼이 진정되어 더 이상 고통스럽지 않았다. 내가 그 유혹을 돌아보았을 때, 놀랍게도 그것은 내 감각으로부터 멀리 사라지고 있었다. 나는 자유로웠다."[3] 이후 윌킨슨이 그 기도를 드릴 때마다 성령께서는 3분 내에 스트레스를 풀어 주셨다.

:: 4단계_ 죄와 타협하지 말라

디모데후서 2장 22절에서 바울은 "청년의 정욕을 피하"라고 당부한다. 만일 당신에게 거부할 수 없는 유혹이 있다면, 아예 그것을 멀리하라. 인터넷과 TV의 전원을 뽑아 버리라. 웹 서핑이나 미성년자 관람불가 영화는 필수 요소가 아니다. 우리의 필수 요소는 바로 경건이다.

:: 5단계_ 죄의 끔찍한 대가를 기억하라

죄로 인해 유다와 다윗 왕이 당했던 수치를 기억하라. 언젠가는 하나님 앞에서 자신의 삶을 실토해야 할 것이다(롬 14:12 참조). 다윗의 죄로 인한 악영향이 그 후손들에게 대대로 미쳤음을 기억하라. 그것은 너무나 위험스럽다. 그 대가는 너무나 크다. 당신을 파괴시키려는 죄악에 굴복하지 말라.

:: 6단계_ 하나님 말씀을 묵상하라

시편 119장 11절은 노래하기를 "내가 주께 범죄하지 아니하려 하여 주의 말씀을 내 마음에 두었나이다"라고 한다. 예수님은 광야에서 시험 당하셨을 때, 사탄의 공격에 매번 성경 말씀으로 대항하셨다. 예수께서 성경 말씀으로 대응하시자, 마귀는 그분을 떠났다(마 4:11). 그러므로 사탄의 공격으로부터 당신의 영혼을 보호해 줄 다음과 같은 성경 말씀들을 묵상하라.

- 내가 내 눈과 약속하였나니 어찌 처녀에게 주목하랴(욥 31:1).
- 우리를 시험에 들게 하지 마시옵고 다만 악에서 구하시옵소서(마 6:13).

- 형제들아 무엇에든지 참되며 무엇에든지 경건하며 무엇에든지 옳으며 무엇에든지 정결하며 무엇에든지 사랑 받을 만하며 무엇에든지 칭찬 받을 만하며 무슨 덕이 있든지 무슨 기림이 있든지 이것들을 생각하라(빌 4:8).
- 사람은 결혼을 귀히 여기고 침소를 더럽히지 않게 하라 음행하는 자들과 간음하는 자들을 하나님이 심판하시리라(히 13:4).

:: 7단계_ 하나님의 전신 갑주를 입으라

유혹 당할 때, 당신은 간교한 대적과의 영적 전투에 직면해 있는 셈이다. 대적의 공격에 대항할 전신갑주로 무장하지 않으면 성실성 시험을 통과할 수 없다. 바울은 이렇게 권한다.

마귀의 간계를 능히 대적하기 위하여 하나님의 전신 갑주를 입으라 우리의 씨름은 혈과 육을 상대하는 것이 아니요 통치자들과 권세들과 이 어둠의 세상 주관자들과 하늘에 있는 악의 영들을 상대함이라 그러므로 하나님의 전신 갑주를 취하라 이는 악한 날에 너희가 능히 대적하고 모든 일을 행한 후에 서기 위함이라 그런즉 서서 진리로 너희 허리띠를 띠고 의의 호심경을 붙이고 평안의 복음이 준비한 것으로 신을 신고 모든 것 위에 믿음의 방패를 가지고 이로써 능히 악한 자의 모든 불화살을 소멸하고 구원의 투구와 성령의 검 곧 하나님의 말씀을 가지라 모든 기도와 간구를 하되 항상 성령 안에서 기도하고 이를 위하여 깨어 구하기를 항상 힘쓰며 여러 성도를 위하여 구하라(엡 6:11-18).

그러면 하나님의 전신갑주를 하나씩 살펴보자. 첫째, "진리의 허리띠"가 있다. 이는 곧 당신의 정직과 성실성이다. 진실함과 순전함을 잃지 않으면 결코 시험에 넘어가지 않을 것이다.

둘째, "의의 호심경"이 있다. 바울 당시의 병사들은 특히 심장을 비롯해 신체의 주요 기관들을 보호하는 금속제 갑옷을 착용했다. 의의 호심경인 흉배는 용기와 의지를 지켜 준다. 사탄은 하나님을 향한 확신을 떨어뜨리려 하겠지만 그 흉계에 넘어가지 말라. 하나님의 의를 신뢰하라.

셋째, 바울은 "평안의 복음이 준비한 것으로 신을" 신으라고 한다. 우리는 복음의 군화를 신어야 한다. 하나님의 증인이 되어 가는 곳마다 그분의 복음을 전해야 한다. 다른 사람들에게 예수 그리스도의 복음을 전하느라 바쁠 때에는 죄의 유혹을 받을 시간도 없다.

넷째, 악한 자의 모든 불화살을 소멸할 "믿음의 방패"가 있다. 바울 당시의 병사들은 가죽으로 덮인 커다란 나무 방패를 사용했다. 이 방패들로 방어막을 형성하면 대적의 불화살을 막을 수 있었다. 믿음은 사탄의 불화살을 막는 방패이다. 만일 우리가 하나님을 신뢰하며 그분의 권능을 확신하면, 사탄의 시험인 이 화살들을 능히 막을 수 있다.

다섯째, "구원의 투구"가 있다. 투구는 머리를 보호하므로, 구원의 투구는 곧 우리의 생각을 보호한다. 그리스도의 십자가를 통해 얻은 구원에다 우리의 생각을 집중할 때, 탐욕스런 생각에 굴복하여 구원을 욕되게 할 가능성이 적어진다.

여섯째, "성령의 검 곧 하나님의 말씀"이 있다. 검은 대적을 죽이기 위한 공격 무기로 사탄에게 성경 말씀을 들이대면 그를 제압할 수 있다. 그는 곧 멀리 달아날 것이다. "마귀를 대적하라 그리하면 너희를 피하리라"(약 4:7). 공격당할 때 성령의 검을 손쉽게 활용할 수 있도록 매일 성경을 읽고 암송하라.

다윗 왕은 성실성 시험에 넘어가서 3,000년이 넘는 지금까지 그 수치스러운 일이 사람들의 입에 오르내리고 있다. 그러나 요셉은 성실성 시험을 통과하여 하나님을 위해 큰일들을 이루었다. 우리 역시 하나님께 크게 쓰임 받을 수 있도록 성실성 시험을 감당할 힘과 은혜를 달라고 기도드려야 한다.

깊은 영성을 위한 질문들

01. 요셉은 유혹을 거부했다가 옥고를 치렀다. 당신도 옳은 일을 하고서 벌을 받은 적이 있는가? 그때 기분은 어땠는가?

02. 만일 옳고 경건한 일로 인해 세상에서 벌을 받게 된다면, 이를 감수하고서라도 옳은 일을 해야 할까? 경건함으로 인해 곤경에 처한다면 과연 하나님께 순종할 수 있겠는가?

03. 당신이 가장 두려워하는 대적은 무엇인가? 세상인가, 육신인가, 아니면 마귀인가? 그 이유에 대해서도 설명하라.

04. 유혹에 대항하여 당신의 영혼을 지키기 위해 지금 당장 도모할 수 있는 변화는 어떤 것인가?

07
테스트 3: 인내 시험

너희에게 인내가 필요함은 너희가 하나님의 뜻을 행한 후에
약속하신 것을 받기 위함이라
히브리서 10:36

미국인이라면 누구나 J. C. 페니 백화점을 알지만, 그 회사를 설립한 사람에 대해 아는 이는 드물다. 제임스 캐시 페니(James Cash Penney)는 1875년에 미주리 주(州) 해밀턴 근방의 한 농장에서 태어났다. 1902년에 그는 와이오밍의 케머러에서 첫 가게인 포목점을 열었다. 깊은 기독교 신앙과 도덕적 확신을 지닌 사람이었던 페니는 가게 이름을 "골든룰 스토어"(황금률 가게)라고 지었다. 황금률은 그의 삶을 이끄는 원리였다. 사업은 너무나 성공적이어서, 10년 내에 점포수가 30개로 늘어났고 연간 매출액은 200만 달러를 넘겼다. 사업 초창기부터 페니는 십일조를 드렸는데, 그의 사업과 수입이 증가하면서 헌금도 자연히 늘어났다. 1971년 페니가 작고할 즈음에는 수입의 90%를 하나님께 바치고 있었다.

J. C. 페니는 일생 동안 놀라운 성공을 거두었지만, 실패도 많이 겪었고 역경으로 인해 심각한 시험에 직면하기도 했다. 그의 삶은 인내의 힘을 생생하게 증거하는 삶이었다. 1910년에 아내가 세상을 떠나자 페니는 뼈저린 상실감을 맛보았다. 그러나 신앙에 의지하고 일에 몰두함으로써 그 깊은 슬픔을 이겨 냈다.

1913년에는 J. C. 페니 컴퍼니를 설립했고, 골든룰이라는 명칭을 서서히 없애기 시작했다. 그러던 1923년, 그의 두 번째 아내마저 출산 중에 사망하자 페니는 다시금 비통한 상실감에 사로잡혔다. 이번에도 그는 하나님을 의지하고 일에 매달림으로써 슬픔을 이겨 나갔다.

1929년 초, 전국에 세워진 J. C. 페니 백화점은 무려 1,400개에 달했다. 미래는 밝았다. 하지만 1929년 10월 말에 주식 시장이 붕괴되면서 세계 대공황이 찾아왔다. 페니는 하루만에 4,000만 달러를 잃었고, 채무를 청산하기 위해 거의 모든 자산을 매각해야 했다. 54세의 페니는 무일푼 신세로 전락하고 말았다.

J. C. 페니 점포들은 영업을 계속했지만 시기적으로 힘든 때였고 소매업은 불안정했다. 페니는 근심과 불면증에 시달렸는데 신경안정제를 먹어도 별 효력이 없었다. 죽을 때가 가까웠다고 생각한 페니는 미시간의 배틀 크리크에 있는 요양소로 들어갔다. 곡물업계의 거물인 존 하비 켈로그에 의해 설립된 이곳은 홀리스틱(holistic) 치료로 유명한 요양소였다. 어느 날 밤, 페니는 마지막이 가까웠다는 생각이 들었다. 그래서 가족과 친구들에게 작별 편지를 써 놓은 후 잠자리에 들었다.

다음 날 아침, 그는 병원 예배당에서 들리는 찬송 소리에 잠이 깼다.

너 근심 걱정 말아라 주 너를 지키리
주 날개 밑에 거하라 주 너를 지키리.[1]

페니는 일어나 예배당으로 갔다. 뒷좌석에 앉아 그 찬송을 부르는데, 갑자기 몸과 영혼이 새로워지는 느낌을 받았다. 며칠 후에 그는 요양소를 뒤로 하고 집으로 돌아왔다.

믿음과 소망의 회복과 함께, 페니는 대공황의 역경을 견뎌 내고 자신의 왕국을 재건했다. 당시를 회고하며 페니는 이렇게 말했다. "성공하길 바라는 것은 자연스런 일이지만, 모두가 성공의 대가를 기꺼이 지불하는 건 아닙니다. 굳건한 의지력으로 밀어 붙이기보다는 요행만 바라는 사람들이 많으니까요." J. C. 페니는 요셉의 네 가지 시험 중 세 번째 시험인 인내 시험을 통과했다.

요셉의 인내 시험

요셉은 열일곱의 나이에 노예로 팔려갔다. 바로가 요셉을 출옥시켜 애굽의 2인자로 삼았을 때, 그의 나이는 30세였다. 이는 요셉이 바로의 집에서 종살이를 시작했을 때부터 출옥할 때까지의 기간이 도합 13년이었음을 뜻한다. 13년 중에서 감옥에서 보낸 기간이 어느 정도인지 알 수 없지만, 그 기간을 12년으로 보는 성경학자들도 있다.

만약 당신이 무고하게 12년간 감옥살이를 했다고 가정해 보라. 어째서 하나님이 내게 이런 시련을 허용하셨을까 생각하며 12년을 보냈다면, 당신은 하나님께 어떤 감정이 생길 것 같은가? 쓰디쓴 악감정이 남았을까? 희망을 잃게 될까? 아니면 인내로써 하나님을 신뢰할까?

요셉이 한때 희망을 가졌다가 좌절했다는 점을 기억하라. 바로의 술 관원장을 위해 정확히 꿈 해몽을 해 주었을 때, 요셉은 자신을 기억하며 출옥을 도와달라고 그에게 부탁했다. 그러나 성경은 "술 맡은 관원장이 요셉을 기억하지 못하고 그를 잊었더라"(창 40:23)고 전한다.

2년! 요셉은 술 관원장과의 일이 있은 후로도 2년이나 더 감옥 생활을 해야 했다. "소망이 더디 이루어지면 그것이 마음을 상하게" 한다고 잠언 13장 12절은 말씀하고 있다. 날마다 그리고 해마다 어둡고 더러운, 벌레가 우글거리는 감옥에 갇혀 있는 상심한 한 젊은이를 생각해 보라. 그는 자신이 저지르지도 않은 죄 때문에 십 대 후반기와 이십 대의 대부분을 감옥에서 보내야 했다.

이와 유사한 상황에 처하면 싸울 의지도 포기하고 신앙마저 포기하는 사람들이 많다. 개중에는 하나님의 시간표를 앞당기려고 애를 쓰거나 탈출을 시도하는 이들도 있다. 하지만 그런 행동은 문제를 더 악화시킬 뿐이다. 우리의 영혼을 위해 하나님이 하시는 일을 재촉하려는 건 실책이다.

7년간의 요셉 구덩이를 경험하는 동안, 나는 마치 쳇바퀴를 돌리는 다람쥐가 된 기분이었다. 나는 계속 움직여야 했지만, 목적지는 전혀 보이지 않았다. 월요일 아침마다 한 주간을 또 어떻게 보낼까 하며 의기소침해졌다.

당시에는 비록 자각하지 못했지만, 하나님은 나의 삶 속에서 쉼 없이 역사하고 계셨다. 그분은 내 성품을 다듬으셨으며, 내 교만을 제거하고 계셨다. 새로운 소명을 위해 나를 준비시키는 중이었던 것이다. 무엇보다 그분은 내게 인내를 가르치고 계셨다.

인내의 인물들

소설가 어빙 스톤은 역사상 가장 매력적인 인물 몇 사람을 연구하여 소설화했다. 그의 작품 목록에는 『빈센트 빈센트 빈센트 반 고흐(Lust for Life, 화가 빈센트 반 고흐에 관한 이야기)』, 『사랑은 영원하리(Love Is Eternal, 에이브러햄 링컨과 매리 토드의 결혼생활에 기초한 소설)』, 『격통과 환희(The Agony and the Ecstasy, 미켈란젤로에 관한 이야기)』 등이 포함되어 있다. 스톤은 자신이 소설화한 모든 위대한 인물들에겐 한 가지 공통점이 있는데, 그것은 바로 인내라고 했다.

내가 묘사하는 인물들은 한때 무언가를 실현하려는 비전과 꿈을 갖는다. 그들은 결정타를 맞고 쓰러지며, 억울하게 비방 당한다. 하지만 쓰러질 때마다 다시 일어선다. 그 누구도 이런 사람들을 멸하지 못한다. 결국에는 그들이 계획했던 일을 실현해 내고야 만다.[2]

바울에 의하면, 인내는 역경의 시기에 우리의 성품을 다듬기 위한 하나님의 도구다. "또한 그로 말미암아 우리가 믿음으로 서 있는 이 은혜에 들어감을 얻었으며 하나님의 영광을 바라고 즐거워하느니라 다만 이뿐 아니라 우리가 환난 중에도 즐거워하나니 이는 환난은 인내를, 인내는 연단을, 연단은 소망을 이루는 줄 앎이로다"(롬 5:2-4).

역경 속에서 인내할 때, 우리는 주 예수 그리스도의 인정을 받는다. 주님은 시련 당하는 에베소 교인들을 향해 "내가 네 행위와 수고와 네 인내를 알고 또 악한 자들을 용납하지 아니한 것과 …네가 참고 내 이름을 위하여 견디고 게으르지 아니한 것을 아노라"(계 2:2-3)는 말씀으로 위로하셨다. 확신컨대, 요셉도 인내 시험을 통과했을 때 하나님께로부터 그런 칭찬을 받았을 것이다.

인생은 단거리 경주가 아니라 마라톤이다. 끝까지 포기하지 않고 달려온 자가 승리하는 것이다. 우리가 역경의 스트레스를 처리하려면 균형 잡힌 식사, 규칙적인 운동, 그리고 충분한 휴식을 유지해야 한다. 신체적으로, 정서적으로, 영적으로 몹시 지치면 인내하지 못하고 곧 포기해 버리기 때문이다. 역경을 지날 때엔 특히 염세주의자들과 비난하는 자들과 악독한 자들을 주의해야 한다. 부디 낙천적인 자들이나 격려하는 자들과 함께하라. 믿음의 사람들을 찾으라.

기브온 계략

더불어 기브온 계략, 곧 하나님이 계획하신 길을 이탈하도록 당신을 유혹하려는 사탄의 계교에 주의하라. 기브온 계략이란 여호수아와 이스라엘 백성이 약속의 땅을 정복하는 과정에서 기브온 거민들에게 속았던 일을 가리킨다(여호수아 9장 참조).

기브온인들은 이스라엘이 여리고와 아이를 멸했다는 소식을 듣고서 다음 차례는 자신들임을 깨닫고 두려워했다. 그래서 그들은 교묘한 속임수로 이스라엘을 속였다. 그들은 해어진 전대와 가죽 부대를 나귀에 실은 후, 다 낡아 기운 신과 옷을 입었다. 또 다 마르고 곰팡이 난 떡을 준비했다.

이렇게 아주 먼 지역에서 온 여행자처럼 꾸민 그들은 여호수아에게 찾아가 "우리는 먼 나라에서 왔나이다 이제 우리와 조약을 맺읍시다"라고 말했다. 이때 여호수아는 중대한 실책을 범했는데, 여호와께 묻지 않고 조약을 맺어버린 것이다. 만일 그가 하나님께 기도했다면 하나님은 그들의 속임수를 알려 주셨을 것이다. 그러나 여호수아는 그렇게 하지 않았다.

이 평화 조약은 여호와를 기쁘시게 하는 것이 아니었다. 기브온 계략에 속는 바람에, 이스라엘은 기브온 거민들을 종으로 받아들여야 했다. 시간이 흘러 많은 이스라엘인들이 기브온인들과 결혼하면서, 그들의 이방 풍습은 알게 모르게 이스라엘에 도입되었다. 하나님의 계획에 따른 길을 인내로써 걸어가지 못한 데 대한 톡톡한 대가를 치른 셈이다.

오늘날에도 사탄은 우리가 하나님의 뜻을 따르지 못하도록 이 계략을 사용한다. 만일 당신의 믿음과 가치관과 윤리와 목표에 공감하지 않는 어떤 사람과 협력하거나 계약을 맺는다면, 당신은 기브온 계략에 넘어간 것이다. 기브온 계략은 우리의 정서적, 영적 에너지를 고갈시키며 시간과 자원들을 좀먹는다. 그것은 여호수아와 이스라엘인들이 수천 년 전에 겪은 일이며, 또한 오늘날에도 많은 그리스도인들이 겪고 있는 일이다.

이 기브온 계략은 "빨리 부유해지려는" 계획의 형태를 띨 수도 있다. 이 계획은 우리의 모든 문제를 해결해 주며 모든 역경을 제거해 주리라고 약속한다. 혹은 우리의 필요를 채워 주고 우리의 고독을 치유해 줄 듯한 인간관계일 수도 있다. 하지만 어떤 경우에도 기브온 계략은 단지 우리를 속이는 일에 불과하다.

순종은 인생의 상황들을 극복하여 승리하게 하는 첫 단계다. 단지 믿는 것만으로는 충분하지 않고, 반드시 순종으로 실천해야 한다. 우리가 순종할 때 하나님은 우리 편에 서신다.

> 시험을 참는 자는 복이 있나니 이는 시련을 견디어 낸 자가 주께서 자기를 사랑하는 자들에게 약속하신 생명의 면류관을 얻을 것이기 때문이라(약 1:12).

깊은 영성을 위한 질문들

01. 만일 하나님이 당신을 여러 해 동안 감옥에서 지내게 하신다면, 당신은 어떤 반응을 보이겠는가? 그런 역경을 인내로써 통과하기 위해 당신은 어찌하겠는가?

02. 잠언 13장 12절은 "소망이 더디 이루어지면 그것이 마음을 상하게" 한다고 말씀한다. 당신의 마음을 상하게 하는 지연되는 소망은 무엇인가? 요셉에 관한 이야기는 당신의 마음에 소망을 가져다주는가? 그렇다면 그 이유는 무엇인가?

03. 당신이 현재 지나고 있는 인내 시험은 무엇인가? 당신의 역경이 당신의 성품과 소망을 다듬고 있음을 나타내는 증거가 보이는가?

04. 기브온 계략에 넘어간 적이 있는가? 이스라엘인들처럼, 하나님께 여쭙지 않는 실수를 범했는가? 기브온 계략이 당신의 삶을 어떻게 방해하거나 탈선시켰는가?

05. 인내 시험을 지나는 당신에게 주시는 하나님의 약속은 무엇인가? 이 시험을 지나면서 하나님의 약속을 통해 어떤 격려를 얻는가?

08
테스트 4: 성공 시험

> 바로가 또 요셉에게 이르되 내가 너를 애굽 온 땅의 총리가 되게 하노라 하고
> 자기의 인장 반지를 빼어 요셉의 손에 끼우고
> 그에게 세마포 옷을 입히고 금 사슬을 목에 걸고
>
> 창세기 41:41-42

무하마드 알리는 역사상 가장 위대한 헤비급 복서라고 할 만하다. 그의 프로 전적은 61전 56승 37KO승이며, 그의 가장 유명한 캐치프레이즈는 "내가 가장 위대하다"였다. 그런 알리가 어느 날 비행기를 타고 가던 중, 안전벨트를 맸는지를 확인하러 스튜어디스가 그에게 다가왔다. 알리 곁에 선 그녀는 벨트를 채울 것을 부탁했다.

"흐음!" 하고 챔피언은 비웃었다. "슈퍼맨에게는 안전벨트 따윈 필요 없소!" 스튜어디스는 웃으며, "슈퍼맨은 비행기도 필요 없을 걸요"라고 말했다. 그는 바로 벨트를 맸다.

우리가 크게 성공하면 할수록 교만에 빠질 위험도 커진다. 요셉이 직면했던 마지막 시험은 가장 위험한 시험이었는데, 그것은 바로 성공 시

힘이었다.

도가니 속에서 연단됨

7년간의 요셉 구덩이 체험의 막바지에 이르러, 하나님은 내 사업을 번창하게 하셨고 파산 상태였던 재정도 회복시켜 주셨다. 여러 해 동안 고투를 벌인 후였으므로, 나는 다시금 금전적인 축복을 누리게 되어 자아도취에 빠질 수도 있었다. 하지만 물질적인 성공이 예전처럼 거창하게 느껴지지 않았다. 나는 역경과 더불어 사는 법을 배웠고, 하나님의 뜻이 그러하다면 나머지 생애를 역경과 손잡고 살아도 만족할 것 같았다.

나는 마침내 "죽었다." 교만에 대해, 세상적인 욕구와 갈망에 대해, 신분과 성취를 향한 열망에 대해, 그리고 야심에 대해 죽었다. 그 모든 것들에 대해 죽었을 때, 비로소 나는 진정으로 그리스도께 대해 살 수 있었다. 바울은 "그러므로 우리가 그의 죽으심과 합하여 세례를 받음으로 그와 함께 장사되었나니 이는 아버지의 영광으로 말미암아 그리스도를 죽은 자 가운데서 살리심과 같이 우리로 또한 새 생명 가운데서 행하게 하려 함이라"(롬 6:4)고 설명한다. 7년간의 시련이 나의 옛 삶을 태운 후에 하나님은 내게 새 삶을 주셨다.

당신의 시련이 언제 끝날지 어떻게 알 수 있을까? 나는 시련이 더 이상 문제시되지 않을 때 비로소 끝나리라고 믿는다. 하나님을 온전히 의뢰함으로써 압박이나 여러 문제들이나 물질적인 것들에 의해 더 이상

옥죄이지 않을 때 비로소 시련은 끝난다. 당신의 교만과 세속성이 말라 죽을 때 시련은 끝날 것이다.

요셉은 높은 지위에 올랐어도 교만과 이기심에 사로잡히지 않았다. 바로의 지하 감옥에 갇혔을 때나 바로의 궁정에 있을 때나 요셉은 한결같은 사람이었다. 자신의 상황에 상관없이 그는 하나님께 순종하는 종으로 남아 있었다. 어떻게 그럴 수 있었을까? 바로 요셉이 모든 상황에서 겸손하게 만족하는 법을 배웠기 때문이다. 그 진귀한 성품은 역경의 시련 중에 얻은 보배였다.

설교자 R. T. 켄달은 요셉의 상태에 대해 이렇게 설명했다.

요셉이 존귀하게 되는 날이 마침내 이르렀다 …바로가 자신의 인장 반지를 요셉에게 끼워 주었다. 요셉이 그것을 구했던 적은 없었다. 그가 원한 건 오직 집으로 돌아가는 것뿐이었다 …하지만 가나안으로 돌아갈 수는 없었다. 자신도 모르는 사이에 애굽이 그의 수중에 들어왔다. 이 역시 그가 간구한 적이 없는 일이었다. 하지만 하나님은 애굽을 원하셨다. 하나님이 원하시는 바를 요셉이 가진 것이다. 요셉은 자신에게 맡겨진 일에 대해 신뢰를 받았다. 왜냐하면 요셉에게 그것은 그리 큰일이 아니었기 때문이다.[1]

하나님이 요셉에게 일국의 운명을 맡기실 수 있을 정도의 경지, 그 경지에 요셉은 어떻게 이르렀을까? 바로 각각의 시험을 통과함으로써 거기에 이르렀다. 잠언 17장 3절은 "도가니는 은을, 풀무는 금을 연단하거니와 여호와는 마음을 연단하시느니라"고 말한다. 하나님 나라를 위해 큰 족적을 남긴 지도자들은 늘 역경의 도가니를 통과해야 했다.

하나님은 인간의 마음이 불순물들로 가득하다는 걸 잘 아신다. 그래서 우리를 역경의 도가니 속에 넣으셔서 정련시키신다. 우리에게 맡기시려는 책임이 크면 클수록, 준비의 도가니는 더 뜨거운 법이다.

성공의 위험

스코틀랜드의 역사가인 토마스 칼라일은 이렇게 말했다. "역경을 견디기 힘들 때도 있다. 그러나 역경을 견디기보다는 형통함을 견디기가 훨씬 더 힘들다." 또 오스왈드 챔버스는 이르기를, "갑자기 높아지면 교만과 타락으로 이끌리는 경우가 많다. 가장 견디기 힘든 시험은 형통함이다"라고 했다.

요셉은 성공 시험을 통과했다. 그는 지혜와 은혜와 긍휼로써 애굽의 국사들을 처리했다. 그는 섬김으로써 다스렸고, 다스림으로써 섬겼다. 성공 시험을 통과했을 때, 요셉은 진정한 리더십이 어떤 것인지를 보여주는 본보기가 되었다.

요셉 말고도 성경에는 연구할 가치가 있는 또 다른 지도자가 있다. 그 역시 겸손과 순종으로 하나님을 섬김으로써 잘 시작했다. 하지만 이야기의 끝 부분에 이르러 성공 시험에서 실패했다. 그의 이름은 바로 기드온이다.

기드온 이야기는 사사기 6-8장에 나온다. 이스라엘은 미디안, 아말렉 등과 대립했는데, 하나님은 겸손한 젊은이 기드온을 택하여 이스라엘을 이끌며 우상들의 땅을 정화시키라고 하셨다. 이에 기드온은 그 지시가 하나님께로 말미암았음을 보여 주는 증거를 요청했다. 그는 양털 한 뭉치를 밤새도록 마당에 두었고, 여호와께서는 그 양털만 이슬에 젖게 하셨다. 마침내 기드온은 여호와께 순종하여 지역 내의 이교 우상들을 파괴했다. 그리고 미디안과 아말렉에 대항하여 싸우기 위해, 3만 명 이상의 장정들로 꾸려진 큰 군대를 소집했다.

그러나 병사의 수가 너무 많다는 하나님의 말씀에 따라 처음엔 1만 명으로 줄였다가, 최종적으론 3백 명만 이끌고 전투에 참가했다. 하나님이 3백 명의 병사들로 승리케 하셨을 때, 온 이스라엘은 그 전투의 승리가 군사력에 있는 게 아니라 하나님의 능력에 있음을 깨닫게 되었다. 승리를 거둔 후에 이스라엘 백성은 기드온더러 왕이 되어 달라고 부탁하지만, 기드온은 오직 하나님만이 그들의 왕이시라고 말했다.

만일 이야기가 여기서 끝났다면 좋았을 것이다. 하지만 이스라엘이 승리를 거둔 시점에 기드온은 실책을 범했다. 그는 이스라엘 사람들에게 이르기를 "내가 너희에게 요청할 일이 있으니 너희는 각기 탈취한 귀고리를 내게 줄지니라"고 했다. 기드온은 그것을 녹여서 우상을 만들었다.

성경은 이 우상을 '에봇'이라 지칭한다. 원래 에봇은 제사장 예복을 가리키는데 아마도 기드온은 황금 에봇을 통해 전사이신 여호와 하나님을 묘사했던 것 같다. 그러나 하나님은 자신을 어떤 우상으로 묘사하는 걸 허용하지 않으신다. 우상은 하나님께 대한 죄악이며 이스라엘인들에게는 덫이 되었다. "온 이스라엘이 그것을 음란하게 위하므로 그것이 기드온과 그의 집에 올무가 되니라"(삿 8:27). 기드온이 죽은 뒤, 이스라엘은 다시 돌이켜 바알 신을 섬겼다. 그들은 대적에게서 그들을 구해 주셨던 여호와 하나님을 까맣게 잊었다.

기드온 이야기의 시작은 근사했지만, 그 결말은 비극적이었다. 실로 이 사실은 우리 모두를 위한 교훈이다. 사도 바울은 "그런즉 선 줄로 생각하는 자는 넘어질까 조심하라"(고전 10:12)고 했다. 그렇다면 성공 시험에서 실패했을 때엔 어찌해야 할까? 두려워 말고, 즉시 하나님께로 돌아가라.

우리는 하나님께 실패를 통해 배우고 또 다른 시도를 할 수 있게 허락해 달라고 간구할 수 있다. 비록 우리가 여러 차례의 실패를 겪더라도, 다시금 기회를 허락하시는 하나님은 우리를 통해 당신의 목적을 이루실 것이다.

성공 시험을 통과하는 비결

역경의 시기를 졸업하고 축복의 시기에 들어설 때 우리가 기억해야 할 다섯 가지 원칙들이 있다. 만일 이 원칙을 명심하면, 성공 시험을 무난히 통과할 수 있을 것이며 하나님이 우리를 크게 들어 쓰실 것이다.

1. 성공을 하나님의 선물로 보라

먼저, 당신의 모든 성공을 자신의 성취로 보지 말고 하나님의 선물로 보는 법을 배우라. "네 하나님 여호와를 기억하라 그가 네게 재물 얻을 능력을 주셨음이라 이같이 하심은 네 조상들에게 맹세하신 언약을 오늘과 같이 이루려 하심이니라"(신 8:18).

다니엘서에는 바벨론 왕 느부갓네살이 왕궁 지붕을 거니는 장면이 나온다. 그는 말하기를 "이 큰 바벨론은 내가 능력과 권세로 건설하여 나의 도성으로 삼고 이것으로 내 위엄의 영광을 나타낸 것이 아니냐." 라고 한다. 그때 하늘에서 "나라의 왕위가 네게서 떠났느니라 네가 사람에게서 쫓겨나서 들짐승과 함께 살면서 소처럼 풀을 먹을 것"이라는 음성이 들린다. 그리고 정말 느부갓네살은 7년 동안 미치광이로 살았다. 하나님이 그를 낮추시고서야 느부갓네살은 축복이 하나님의 선물임을 깨닫게 된 것이다(단 4:29-34 참조).

여호와는 모든 성공과 발전과 축복의 근원이시다. 만일 당신의 심신이 건강하다면, 만일 당신이 기회의 땅에서 살고 있다면, 만일 당신이 좋은 교육을 받고 있다면, 만일 당신이 좋은 기회를 얻었다면, 감사거리를 많이 가지고 있는 셈이므로 거만해질 이유가 없다. 당신은 성공을 성취한 것이 아니라 그것을 선물로 받았기 때문이다.

"누가 너를 남달리 구별하였느냐"라고 사도 바울은 묻는다. "네게 있는 것 중에 받지 아니한 것이 무엇이냐 네가 받았은즉 어찌하여 받지 아니한 것같이 자랑하느냐"(고전 4:7). 물론 그것을 얻기 위해 당신이 열심히 일하기도 했지만, 일할 수 있는 능력마저도 선물임을 기억해야 한다. 이처럼 당신의 모든 소유가 선물이므로 교만해져선 안 된다. 오직 겸손과 감사의 여지만 있을 뿐이다.

2. 찬사 처리법을 배우라

누군가가 당신의 성취에 대해 거창하게 얘기하면, 그것을 받아들이되 깊이 새기지는 말라. 지나친 겸손("그런 칭찬은 내게 안 어울려요. 난 잘한 게 없어요")이나 자만심("맞아요, 난 정말 대단해요!")을 피하라. 만일 누군가가 당신을 칭찬하면, 단지 "고마워요"라고만 말하라.

우리가 구해야 하는 유일한 칭찬은 "잘하였도다 착하고 충성된 종아"라는 주님의 칭찬이다. 사람들의 찬사는 일시적이지만, 하나님의 칭찬은 영원히 지속된다. 우리가 찬사를 들으려고 애쓰는 건 하나님의 것을 훔치는 짓임을 기억하고 모든 찬사를 그분께 돌리라.

3. 겸손하게 살라

당신은 하나님 앞에서 의도적으로 겸손해질 필요가 있다. 그러지 않으면 하나님이 친히 당신을 겸손하게 만드실 것이다. 실상을 있는 그대로 보아야 한다. 자신을 과대평가하거나 과소평가해서는 안 된다. 바울은 이렇게 당부한다. "내게 주신 은혜로 말미암아 너희 각 사람에게 말하노니 마땅히 생각할 그 이상의 생각을 품지 말고 오직 하나님께서 각 사람에게 나누어 주신 믿음의 분량대로 지혜롭게 생각하라"(롬 12:3).

어떤 사람들은 겸손이란 자신을 줄곧 나쁘게 말하는 것이라고 생각한다. 그러나 "나는 벌레야! 나는 아무 짝에도 쓸모없는 죄인이야. 내가 하는 일은 다 잘못이야!"라고 말하는 건 전혀 겸손이 아니다. 이런 말이 언뜻 겸손해 보일지 몰라도, 줄곧 자신을 깎아내리는 것 역시 사실은 자기중심적인 사고의 한 형태일 뿐이다. 결국, 그런 말들은 모두 "나"로부터 시작된다. 『목적이 이끄는 삶』에서 릭 워렌은 "겸손이란 자신을 낮게 여기는 것이 아니라 자신을 덜 생각하는 것"이라고 말한다.[2]

사도 베드로는 "다 서로 겸손으로 허리를 동이라 하나님은 교만한 자를 대적하시되 겸손한 자들에게는 은혜를 주시느니라 그러므로 하나님의 능하신 손 아래에서 겸손하라 때가 되면 너희를 높이시리라"(벧전 5:5-6)고 권면한다. 만일 우리가 교만과 자만심으로 자신을 높이면, 하나님이 친히 우리를 낮추실 것이다. 반면에 만일 우리가 하나님의 능하신 손 아래서 자신을 낮추면, 그가 친히 우리를 높이실 것이다.

4. 겸손에 대한 책임감을 가지라

당신에게 겸손한 태도를 책임 지워 줄 사람들을 찾으라. 신뢰할 만한 가까운 친구들과 가족 구성원들로 하여금 직장이나 교회나 가정에서 당신의 행동을 주시하게끔 하라. 그들에게 이렇게 부탁하라. "당신이 보기에 만일 내가 종보다는 주인처럼 행동하고 있다면, 만일 성공으로 인해 자만해 하는 내 모습을 본다면 부디 나를 제지해 줘요. 내 삶의 목표는 더욱 그리스도를 닮아 가는 것인데, 그 목표에 초점을 맞출 수 있도록 나를 좀 도와주세요."

한 번은 친한 친구 하나가 나의 사역과 관련하여 선전이 지나치다며 지적했다. 나는 그의 지적이 타당한지를 점검했고, 그 지적을 아내와 직원들과 자문 위원들에게 말했다. 조언자들은, 우리 단체의 태도가 겸손하긴 하지만 마케팅 접근 과정에서 거만한 인상을 줄 수도 있다고 결론지었다. 그래서 우리는 그 친구의 지적에 비추어 우리의 행동을 수정했다. 요컨대 참된 겸손은 건설적인 비판을 열린 마음으로 수용한다.

5. 하나님이 당신을 구원하셨고 또 당신을 위한 계획을 가지고 계심을 기억하라

하나님은 우리를 죄로부터 구원하셨을 뿐 아니라 결함 있는 우리의 모습 그대로를 통해 당신의 계획을 이루어 가신다. 하나님은 우리에게도 요셉 소명을 주신다. 그분의 완전하신 뜻을 이루기 위한 도구로 쓰시려고 우리를 주권적으로 택하셨기 때문이다. 정말이지 믿기 힘든 사실이다! 이 감격스런 마음을 사도 바울은 "나를 능하게 하신 그리스도 예수 우리 주께 내가 감사함은 나를 충성되이 여겨 내게 직분을 맡기심이니"(딤전 1:12)라고 표현했다.

만일 하나님이 그 지혜와 자비로 말미암아 사업계에서, 연예계에서, 정부에서, 군대에서, 혹은 교회에서 우리의 지위를 높이신다면, 우리는 겸손해질 수 있는 은혜를 간구해야 한다. 날마다 엎드려 모든 영광을 주께 돌려야 한다. 왜냐하면 우리 스스로에겐 영광을 받을 자격이 전혀 없기 때문이다.

하나님이 당신을 축복하신 까닭을 기억하라

사울 왕이 죽은 후에 왕위에 오른 다윗은 승리의 행진을 거듭했다. 용사들을 모아 군대를 강화한 다윗은 블레셋을 물리쳤으며 여부스 족속에게서 예루살렘을 빼앗았다. 헤브론에서 예루살렘으로 수도를 옮긴 다윗은 요새에 거주했다. 성경은 "만군의 여호와께서 함께 계시니 다윗이 점점 강성하여 가니라"(대상 11:9)고 전한다.

그 뒤, 다윗 왕의 태도에 관한 교훈적인 내용이 나온다. "다윗이 여호와께서 자기를 이스라엘의 왕으로 삼으신 줄을 깨달았으니 이는 그의 백성 이스라엘을 위하여 그의 나라가 높이 들림을 받았음을 앎이었더라"(대상 14:2). 일찍부터 다윗 왕은 하나님이 그를 축복하신 까닭이 그 자신의 유익을 위함이 아니라 이스라엘을 위함임을 이해했다.

그러나 훗날 안타깝게도 다윗 왕은 이 중요한 진리를 망각했으며, 교만으로 인해 간음과 살인을 저지르고 수치를 당했다. 우리가 하나님 앞에서 겸손을 계속 유지하는 것이 중요한 이유가 바로 이 때문이다. 한때 여호와께서는 "내가 이새의 아들 다윗을 만나니 내 마음에 맞는 사람이라"(행 13:22)고 말씀하셨다. 만일 다윗 같은 사람이 교만과 죄악에 빠질 수 있다면, 우리 중 누구도 그리 될 수 있다.

우리는 하나님이 각자의 유익만을 위해 우리를 축복하시진 않는다는 사실을 항상 기억해야 한다. 그분이 우리를 부르시는 까닭은 다른 사람들에게 축복이 되게 하려 하심이다.

당신은 하나님이 원하시는 삶을 살아갈 준비를 갖추고 있는가? 하나님의 손길을 통해 다음 단계로 이끌릴 각오가 되어 있는가? 일단 세 가지 시험을 통과했다면, 가장 힘든 시험인 성공 시험을 맞을 준비를 단단히 하라.

깊은 영성을 위한 질문들

01. 교만과 세상적인 욕망, 야심에 대해 죽는다는 것은 무슨 뜻일까? 야망을 갖는 것이 죄일까? 그 이유는 무엇일까?

02. 하나님이 정련시키기 위해 당신을 역경의 도가니로 이끄심을 생각할 때, 솔직히 어떤 느낌이 드는가?

03. 당신은 성공과 출세에 대해 적절히 대처할 준비가 되어 있는가? 솔직히 대답해 보라.

04. 이 장에서 우리는 기드온과 다윗 왕이 큰 믿음을 보여 줌으로써 하나님과 그 백성을 위해 큰일을 이루었음을 살펴보았다. 그러나 이 두 사람 모두는 훗날에 비극적인 잘못을 범했다. 기드온과 다윗의 생애를 통해 당신은 어떤 교훈을 배웠는가?

05. 당신은 겸손해지는 것이 쉬운가 아니면 어려운가? 보다 겸손해지기 위해 당신이 취할 수 있는 한 가지 단계는 무엇인가? 그 일을 위해 당신은 다른 그리스도인들에게 어떤 도움을 요청하겠는가?

제3부

그래도 계속 걷는 믿음

선한 사람의 고난

역경의 다른 시각

내면의 영적 요새

09
선한 사람의 고난

그러나 의를 위하여 고난을 받으면 복 있는 자니

베드로전서 3:14

    그레이스 파커는 조지아의 가난한 시골 가정에서 태어났다. 그녀가 아직 유아였을 때, 알코올 중독자였던 아빠는 엄마에게 이혼을 요구했다. 그러나 그레이스의 엄마가 거절하자 벌컥 화를 내며 그레이스를 집어 던졌다. 그리고는 아내의 목을 조르기 시작했다. 바로 그때, 그레이스의 할아버지가 방으로 들어와서 엄마를 구했다. 해병 대원이었던 그레이스의 아빠는 부대로 달아난 후 상관에게 자신이 저지른 짓을 얘기했다. 그가 군대의 관할 아래에 있었으므로, 지역 경찰은 그를 체포할 수가 없었다. 바로 다음날 그는 하와이로 전출되었다.

    그레이스는 내동댕이쳐졌음에도 크게 다친 곳이 없어 보였다. 하지만 한 살 되던 해에 그녀는 소아마비라는 진단을 받았다. 의사들은 그녀가 결코 걷지 못하리라고 말했다. 아무런 수입원도 없었던 그레이스의 엄마는 정부 공영 주택단지로 이주했다. 그레이스 모녀에게는 늘 먹을 것이 부족했고, 대부분의 식사를 감자로 해결해야 했다.

여러 날을 굶던 어느 날, 그레이스의 엄마는 무릎을 꿇고 이렇게 외쳤다. "오, 하나님. 음식을 좀 보내 주세요. 그러시면 남은 생애 동안 주를 따르겠어요!" 다음날 아침에 그녀가 현관문을 열었을 때, 현관 앞에 줄줄이 식료품 상자들이 늘어서 있었다. 이후 그레이스의 엄마는 교회에 출석하기 시작했다.

그레이스의 엄마가 일거리를 찾았을 때 가장 시급한 과제는 그레이스를 맡길 곳을 찾는 일이었다. 그런데 어느 주일엔가, 교회에서 한 그리스도인 부인이 그레이스의 몸 상태를 알고서 무료로 그녀를 돌봐 주겠다고 나섰다. 일 년 내내 평일마다 이 부인은 그레이스를 자기 집으로 데리고 가서 돌보았고, 매일 치유 기도도 해 주었다.

그러던 어느 날 이 부인이 그레이스를 안고 계단을 내려가다 그만 발을 헛디뎌 넘어지고 말았다. 다행히 그레이스는 무사했지만, 부인은 엉덩이뼈를 다치고 말았다.

사고 다음날, 그레이스의 엄마는 아이의 다리에 교정 장치를 채우려다가 그만 깜짝 놀라고 말았다. 꼼짝 않던 그레이스의 발가락이 꿈틀거렸기 때문이다. 그로부터 일주일 내에 그레이스는 혼자서 걷는 법을 배웠다. 주께서 기적적으로 치유해 주신 것이다.

무고한 자의 고난

그레이스가 네 살이 되었을 무렵 아빠가 집으로 돌아왔다. 그의 알코올 중독 상태는 더욱 심해져서, 그레이스를 때리더니 성희롱까지 서슴지 않았다. 그는 딸애의 자존감을 파괴할 만한 짓을 모조리 찾아 저질렀다.

한 번은 다섯 살 난 그레이스의 곁에서 어린 여동생이 울고 있었다. 그레이스는 아기를 달래려고 안다가 그만 아기를 떨어뜨리고 말았다. 그녀의 부모는 기절한 아기를 데리고 서둘러 병원으로 향했고, 그레이스도 함께 갔다. 응급실 입구에 도착해 엄마가 동생을 안고 병원으로 달려 들어간 사이, 그레이스는 아빠와 단 둘이 차에 남았다. 아빠는 증오에 찬 눈으로 그레이스를 흘겨보면서 "만일 아기가 죽으면 너도 죽을 줄 알아!" 하고 으름장을 놓았다.

그레이스는 무릎을 꿇고 기도했다. "하나님, 부디 내 동생을 살려 주세요. 그래서 나도 살 수 있게 해 주세요!" 순간, 아이는 위로하시는 하나님의 임재를 느낄 수 있었다. 태어나서 처음으로 하나님의 돌보심을 자각한 순간이었다. 하나님이 함께하신다는 믿음이 그레이스로 하여금 어린 시절의 공포 가득한 시간들을 견딜 수 있게 해 주었다.

또 하나님은 어느 당구장을 통해 그 가족에게 음식을 공급해 주셨다. 매일 밤, 당구장 밖에서 기다렸다가 주인이 음식을 주면 엄마는 자전거를 타고 쏜살같이 집으로 가지고 왔다. 어떤 날은 당구장 주인이 남은 '칠리 콘 카르네' 요리를 주기도 했다. 그레이스와 자매들은 엄마의 자전거 핸들에 음식 봉지가 매달려 있길 은근히 기대하면서 매일 창문을 내다보았다.

그레이스가 일곱 살 때, 아빠가 자동차 사고를 내어 그 자신과 그레이스의 두 자매를 다치게 했다. 이 사고 이후 한 지역 교회에서 그들에게 식료품을 가져다주었는데, 기독교의 그 같은 관대함이 그레이스에게 큰 감명을 주었다. 그레이스는 이담에 자신이 크면 가난하고 배고픈 아이들을 돕고 싶다고 하나님께 말씀드렸다.

학창 시절, 그레이스는 오래된 커튼으로 만든 남루한 옷을 입고 다녔다. 비록 다른 아이들에게 따돌림을 당했지만, 그레이스는 하나님을 가까이 했다. 교사들은 그녀의 밝은 모습에 놀라움을 금치 못했다.

그리고 18세 되던 해에 그레이스는 그녀를 무조건적으로 받아 주었던 한 그리스도인 청년과 사랑에 빠졌다. 예전에 아빠에게서 성적 학대를 당했던 것 때문에 그들 관계에 문제도 있었지만, 하나님은 점차 그녀의 기억을 치유해 주셨다. 마침내 그레이스는 그 젊은이와 결혼을 했다.

그레이스는 우리에게 이렇게 말한다. "당신은 주어진 상황의 희생자가 되는 쪽을 선택할 수도 있고, 하나님 아버지를 향해 걸음을 내딛을 수도 있다. 종종 우리는 자신에게 골몰하느라 모든 것들을 챙겨 주시는 그분을 잊고 지낸다. 우리는 그분의 무릎에 앉아서 '아버지, 나는 주님이 필요합니다. 나는 주의 도우심이 필요합니다!' 하고 간구하기를 잊어버린다. 떡을 구하는 우리에게 돌을 주지 않으시는 아버지를 나는 직접 경험했다. 그분은 우리에게 엄청난 사랑을 베푸시며, 안전한 곳으로 이끄신다. 그분과 같으신 이는 세상 어디에도 없다!"

현재 그레이스는 가난한 자들을 위해 사역하면서, 사람들을 중보 기도자로 세우기 위해 힘쓰고 있다. 그녀는 우리가 과거의 희생자로 남을 필요가 없음을 보여 주는 산 증인이다. 하나님은 최악의 역경을 통해 역사하시며, 또한 우리를 사역자로 준비시키시고자 고통을 이용하신다.

그런데 그레이스의 이야기는 다음과 같은 난해한 질문을 유발하기도 한다. '어째서 선한 사람이 고난 당하는 걸까?'

그분의 손 그늘

"하나님이 성도에게 비전을 주실 때마다 그분은 성도를 자신의 손 그늘에 숨기신다. 그러므로 성도가 할 일은 잠잠히 귀 기울이는 것"이라고 오스왈드 챔버스는 말한다.[1]

우리는 이 원칙을 창세기 15장에서 발견한다. 창세기 15장은 하나님이 아브람과 더불어 언약을 맺으시는 내용을 담고 있다.

"아브람아 두려워하지 말라 나는 네 방패요 너의 지극히 큰 상급이니라"(1절). 아브람은 하나님을 신뢰하지만, 자신을 통해 큰 민족을 이루게 하신다는 하나님의 약속이 어떻게 실현될 수 있는지를 여쭙는다. 왜냐하면 그에게는 자녀가 없기 때문이다. 하지만 하나님은 그 약속이 어떻게 실현될 것인지를 설명하지 않으신다. 단지 "하늘을 우러러 뭇별을 셀 수 있나 보라 또 그에게 이르시되 네 자손이 이와 같으리라"(5절)고 말씀하신다.

아브람은 하나님을 믿었고, 하나님은 희생 제사를 동반하는 언약을 아브람과 더불어 맺으셨다. 그 희생은 여수 그리스도의 희생을 상징한다. 희생 제사를 드린 후에 해가 저물자 아브람은 깊은 잠에 빠진다. 창세기 15장 12절은 "큰 흑암과 두려움이 그에게 임하였더니"라고 묘사한다. 바로 그 두렵고도 이상한 어둠 속에서, 하나님은 아브람에게 그의 후손들에 관해서 말씀하신다. 언젠가 그들이 이방에서 종으로 지내겠지만, 마침내 큰 재산을 가지고서 그 나라를 빠져 나와 거룩한 땅으로 돌아갈 것이라는 말씀이다.

아브람을 덮었던 그 어둠이 비록 두텁고 무섭게 보였지만, 사실상 그것은 하나님의 축복과 약속을 거느린 손 그늘이었다. 어둠 속에 있는 동안 아브람은 후손들을 위한 본향 약속을 받았다. 이 본향 곧 이스라엘은 오늘날에 이르기까지 아브라함 후손들의 거처가 되었다.

아브라함은 장래의 축복에 관한 하나님의 약속을 듣기 위해 무서운 어둠을 지나가야 했다. 이어 요셉은 아브라함의 후손이 이방(애굽)에서 거주하리란 하나님의 약속을 실현시키기 위해 13년간 역경의 어둠을 통과해야 했다. 그리고 후에 모세는, 아브라함의 후손이 출애굽하리라는 하나님의 약속을 실현시키기 위해 미디안 광야의 어둠을 거쳐야 했다.

이것이 바로 일관된 패턴이다. 즉, 하나님의 약속의 빛을 받기 전에 우리는 먼저 어둠을 통과해야 하는 것이다. 우리의 제한된 관점으로는 어둠이 악하고 위협적으로만 보인다. 그러나 성경의 관점에서 보면 어둠은 하나님의 손 그늘이다.

오늘날 여러 교회에서는 역경의 어둠이 곧 하나님이 축복을 거두셨음을 나타내는 표시라고 잘못 가르치고 있다. 시련이 죄악에 대한 하나님의 징벌이라고 가르치는 이들도 있다. 그러나 이 모두는 욥을 찾아갔던 세 '야박한 위로자들'의 그릇된 훈계와 같은 것이다. 성경에 의하면, 시련은 하나님과 동행하는 정상적인 행보의 일부분이다. 예수님은 십자가의 어둠을 지나기 전에 제자들에게 "세상에서는 너희가 환난을 당하나 담대하라 내가 세상을 이기었노라"(요 16:33)고 말씀하셨다.

때로 하나님은 우리의 성품을 다듬어 예수님의 형상에 부합된 모습으로 만드시고자 우리로 어둠을 통과하도록 하신다. 로마에서 핍박 받는 그리스도인들에게 보내는 편지에서 바울은 "하나님이 미리 아신 자들을 또한 그 아들의 형상을 본받게 하기 위하여 미리 정하셨으니 이는 그로 많은 형제 중에서 맏아들이 되게 하려 하심이니라"(롬 8:29)고 말했다.

더불어, 그리스도의 고난에 참예하는 것이 무엇을 뜻하는지를 가르치기 위해 우리가 어둠을 지나가도록 하시는 경우도 있다. 그래서 바울은 이르기를 "내가 그리스도와 그 부활의 권능과 그 고난에 참여함을 알고자 하여 그의 죽으심을" 본받는다고 했다(빌 3:10). 베드로 역시 마찬가지다. "오히려 너희가 그리스도의 고난에 참여하는 것으로 즐거워하라 이는 그의 영광을 나타내실 때에 너희로 즐거워하고 기뻐하게 하려 함이라"(벧전 4:13).

만일 우리가 학대나 반대나 고난을 직접 경험해 보지 않는다면, 다른 사람들의 고통을 결코 이해하지 못할 것이다. 그러므로 사도 바울은 이렇게 전한다.

> 찬송하리로다 그는 우리 주 예수 그리스도의 하나님이시요 자비의 아버지시요 모든 위로의 하나님이시며 우리의 모든 환난 중에서 우리를 위로하사 우리로 하여금 하나님께 받는 위로로써 모든 환난 중에 있는 자들을 능히 위로하게 하시는 이시로다 그리스도의 고난이 우리에게 넘친 것같이 우리가 받는 위로도 그리스도로 말미암아 넘치는도다(고후 1:3-5).

처음 2년간 역경을 당하면서 나는 무수한 의문들에 사로잡혔다. 하나님의 사랑을 의심하고 자신의 신념 체계에 대해 의구심을 가졌다. 나는 문을 안으로 걸어 잠근 채 수많은 의문들에 빠져들었다.

욥기에 나오는 것과 같은 오래된 의문들이 거듭 머릿속에 맴돌았다. "하나님, 만일 주께서 자애롭고 의로우며 또한 전능하시다면, 어찌하여 선한 사람에게 시련을 허용하십니까?" 복음 전도자 빌리 그레이엄은 『문제를 통해 발견하는 하나님의 뜻』에서 이 같은 물음을 다루었다.

> 하나님이 악을 허용하시는 이유를 모두 알 수는 없다. 그러나 우리는, 그가 이 세상에 존재하는 악의 원인이 아니시며 따라서 이 악으로 인해 우리가 그분을 비방해서는 안 된다는 점을 기억할 필요가 있다. 어떤 이

들이 믿는 바와는 달리 하나님은 악을 조성하지 않으셨다. 하나님은 세상을 완벽하게 창조하셨다. 사람이 하나님에게 도전하는 편을 택하여 자신의 길로 갔던 것이다. 악이 세상에 들어온 것은 사람의 잘못이다. 그럼에도 하나님은 예수 그리스도 안에서 악에 대한 선의 궁극적 승리를 이루셨다. 예수님이 십자가에서 사탄과 그를 따르던 무리들을 물리치셨기 때문이다. 그리스도께서는 다시 오실 것이며, 그때에는 모든 악이 영원히 끝장나고 의와 공의가 가득해질 것이다.

만일 하나님이 이 세상의 악을 갑자기 멸하신다면, 과연 어떤 일이 일어날지를 생각해 본 적이 있는가? 우리 모두가 죄를 범했으므로 한 사람도 남아 있지 않을 것이다. "여호와여 주께서 죄악을 지켜보실진대 주여 누가 서리이까"(시 130:3). 또한 성경은 이르기를 "여호와의 인자와 긍휼이 무궁하시므로 우리가 진멸되지 아니함이니이다"(애 3:22)라고 한다.[2]

악과 고난과 죽음은 첫 사람 아담과 이브가 사탄의 말을 듣고 범죄를 저지름으로써 이 세상에 들어왔다. 악은 에덴 동산의 일부가 아니었다. 아담과 이브가 하나님이 정하신 경계를 넘는 순간에, 악은 이 세상의 무서운 실상이 되었다. 『하늘이 땅을 침노할 때』에서 빌 존슨은 이렇게 설명한다.

사탄이 동산에 침입하여 아담과 이브를 강압적으로 위협한 것이 아니다. 그는 그렇게 할 수 없었다. 그에게는 동산을 관장할 권한이 없었기 때문이다. 권한을 지니고 있어야 힘을 발휘할 수 있다. 지구를 관장하는 권한이 사람에게 주어졌기에, 마귀는 사람에게서 그 권한을 넘겨받아야 했다. 금단의 열매를 먹도록 제안한 것은 단지 아담 부부로 하여금 자신과 함께 하나님을 대적하게 하려는 마귀의 시도였을 뿐이다. 사람의 동조를 통해서만이 마귀는 죽이고 훔치며 멸망시킬 수 있었다. 오늘날에도 사탄은 사람의 동조를 통해 힘을 얻는다는 점을 명심해야 한다.[3]

욥의 고난

'왜 우리가 고난 당하는가?' 라는 주제는 욥기 첫 장에서 소개된다. 하나님이 사탄더러 욥의 소유와 가족을 치도록 허락하신 후에, 욥은 가축들과 재물, 심지어는 사랑하는 열 자녀들마저 잃고 만다. 후에는 건강도 잃어버린다. 이 모든 일이 "순전하고 정직한" 사람에게 일어난다!

고난에도 불구하고 욥은 하나님을 향한 신뢰심을 잃지 않는다. 그의 아내가 그더러 하나님을 저주하고 죽으라고 말할 때에도, 그는 "그대의 말이 한 어리석은 여자의 말 같도다 우리가 하나님께 복을 받았은즉 화도 받지 아니하겠느냐"라고 대답한다. 그리고 성경은 "이 모든 일에 욥이 입술로 범죄하지 아니하니라" 라고 덧붙인다(욥 2:10).

며칠 후에 욥의 세 친구들이 그의 고난에 대해 듣고서 위로하러 찾아온다. 하지만 얼마 지나지 않아, 그들은 논쟁적인 어투로 그의 죄를 지적하기 시작한다. 그들이 욥에게 말한 것은 기본적으로 이런 내용이다.

"하나님은 의롭고 공정하시며 그 누구에게도 부당한 고난을 허락하지 않으신다. 따라서 네가 고난 당하고 있다면 그럴 만한 잘못을 범했기 때문이다." 이 말이 논리적으로 들릴 순 있지만, 세상사는 꼭 그런 식으로 전개되지 않는다. 요셉은 경건한 사람이었으나 고난을 당했다. 경건한 사람에게 나쁜 일이 일어난다면 이유가 있어야 한다. 그리고 분명 이유가 있다.

욥기의 서두에서는, 욥에게 시련이 닥치는 까닭을 사탄이 하나님께 반역했기 때문이라고 밝히고 있다. 반역한 사탄은 사람들 곧 아담과 이브를 유혹하여 하나님을 대적하는 일에 동참시켰다. 아담과 이브의 타락 이후로 인생들은 전쟁 중인 세상에서 살고 있다. 그 반역이 지속되는 한, 불공평과 죄악도 세상에 만연할 것이다. 이 세상의 신은 사탄이기 때문이다.

그러나 사탄이 피조물에 대한 하나님의 권위에 도전할지라도 하나님은 여전히 만물을 주관하신다. 우주에서 그분의 허락 없이 일어나는 일은 단 하나도 없다. 하나님의 백성에게 나쁜 일이 일어날 때, 그분은 그 나쁜 일마저 유익으로 전환시키신다. 사도 바울은 이렇게 설명한다. "우리가 알거니와 하나님을 사랑하는 자 곧 그의 뜻대로 부르심을 입은 자들에게는 모든 것이 합력하여 선을 이루느니라"(롬 8:28). 하나님은 당신의 영원한 목적을 위해 우리를 부르실 때, 우리의 곤경과 슬픔과 고통을 엮어 영원한 가치를 지닌 그 무엇을 만드신다.

욥기는 선한 사람이 고난 당하는 이유와 관련된 또 다른 중요한 관점을 제시한다. 그것은 바로 우리 대부분이 간과하고 있는 관점이다. '선한 사람이 어째서 고난 당하는가' 하는 물음의 문제점 가운데 하나는, 이 질문이 사람들을 선한 측과 악한 측으로 양분한다는 사실이다. 그러나 진정으로 선한 사람은 하나도 없다. 하나님이 욥을 가리켜 순전하고 정직하다고 하셨을지라도 욥이 온전히 무고한 것은 아니었다. 그 역시 타락한 사람이기 때문이다. 시편 기자가 말하듯이 "선을 행하는 자 없으니 한 사람도 없"(시 53:3)다. 심지어 욥도 예외가 아니었다.

욥기를 읽으면서, 우리는 욥이 이 관점을 갖지 못했음을 본다. 그는 하나님이 실수로 자신에게 고난을 허용하셨다고 생각했다. 만일 자신의 결백을 하나님께 이해시킬 수만 있다면, 곧바로 이 곤경에서 놓여나리라는 게 그의 생각이었다. 그러나 욥기 38장 서두부터 41장까지, 하나님은 욥에게 거듭 물으신다.

간단히 정리해 하나님은 "욥아, 네가 무(無)에서 무엇인가를 창조할 수 있느냐? 너의 지혜가 나의 지혜와 같으냐?" 하고 묻고 계시는 것이다. 결국 욥은 자신이 제기한 물음에 대해 부끄러움을 느낀다. 또한 그는 하나님이 실수를 범하실 수 없음을 고백한다.

> 나는 깨닫지도 못한 일을 말하였고 스스로 알 수도 없고 헤아리기도 어려운 일을 말하였나이다 …내가 주께 대하여 귀로 듣기만 하였사오나 이제는 눈으로 주를 뵈옵나이다 그러므로 내가 스스로 거두어들이고

티끌과 재 가운데에서 회개하나이다(42:3-6).

여기서 욥은 하나님과 자신의 고난에 대해 새로운 관점을 피력한다. 마침내 그는 이렇게 말한 셈이다. "내가 이 고난을 지나기 전에는 주께 대하여 듣기만 했습니다. 하지만 이제 내 눈으로 주를 직접 뵈었습니다. 내가 새로운 관점으로 실상을 보기 때문에, 나 자신을 한탄하며 티끌과 재 가운데서 회개합니다." 실로 이것은 진정한 회개였다!

욥기의 끝 부분에서 욥은 어째서 선한 사람이 고난 당하는가 하는 물음에 대한 답을 파악한다. 곧 '선한 사람이란 존재하지 않는다'는 것이 그의 대답이다. 하나님을 사랑하며 그분을 신뢰하는, 그럼으로써 그분의 용서를 은혜의 선물로 받는 사람들이 있다. 하지만 선한 사람은 하나도 없다. 모두가 죄를 범했기에, 하나님께로부터 축복을 요구할 수 있는 자격자는 존재하지 않는다. 우리가 당하는 고난은 타락한 세상에서 사는 데 따른 결과이다. 그리고 우리가 받는 축복은 하나님의 은혜로 말미암는 선물이다.

깊은 영성을 위한 질문들

01. 오스왈드 챔버스는 "하나님이 성도에게 비전을 주실 때마다 그분은 성도를 자신의 손 그늘에 숨기신다. 그러므로 성도의 할 일은 잠잠히 귀 기울이는 것이다"라고 썼다. 당신은 지금 어둠을 지나가고 있는가? 당신은 지금의 경험을 하나님의 징벌로 보는가, 아니면 필요한 것을 공급하시기 위해 준비시키시는 하나님의 손 그늘로 보는가?

02. 역경의 때에 당신 역시 '욥의 위로자들'의 방문을 받은 적이 있는가? 역경을 지나고 있는 다른 사람들을 도울 수 있는 최선책은 무엇일까?

03. 당신의 역경과 고통이 하나님께로부터 말미암았는지 사탄에게서 비롯되었는지는 궁극적으로 중요하지 않다는 점에 대해 동의하는가? 자신의 의견과 그 이유를 설명해 보라.

04. 예수님의 십자가 희생을 통해 당신은 인간의 고난에 대한 하나님의 관점을 어떻게 이해할 수 있는가? 그 희생을 통해 알 수 있는 그분의 사랑은 어떤 것인가?

10
역경의 다른 시각

다윗의 시대에 해를 거듭하여 삼 년 기근이 있으므로 다윗이 여호와 앞에 간구하매
여호와께서 이르시되 이는 사울과 피를 흘린 그의 집으로 말미암음이니
그가 기브온 사람을 죽였음이니라 하시니라

사무엘하 21:1

『하나님, 감사합니다. 월요일입니다 Thank God It's Monday』라는 책에서, 릭 히렌은 사업상의 난관에 직면했던 한 부부에 관한 이야기를 소개한다. 재정적인 스트레스가 너무 심해지자, 그들은 상담을 위해 릭을 찾아갔다. 그들의 얘기를 모두 들은 릭은 함께 기도할 것을 제의했다.

그리고는 "두세 사람이 내 이름으로 모인 곳에는 나도 그들 중에 있느니라"(마 18:20)고 약속하신 하나님이 우리 가운데 함께하실 거라고 덧붙였다. 이윽고 릭은 잠시 하나님의 음성에 귀를 기울였다. 몇 분이 지나지 않아, 한 단어가 릭의 머릿속에 갑자기 떠올랐다. 그건 바로 "우리아"라는 이름이었다.

우리아는 다윗 왕의 간음 상대인 밧세바의 남편이었다. 다윗은 자신

의 간음죄를 감추기 위해 우리아를 사지로 내몰았다. "우리아"라는 말이 릭의 머릿속에 떠오를 때에 이 추잡스런 이야기도 모조리 함께 생각났다. '이것이 내 앞에 앉은 부부와 무슨 상관이 있단 말인가?' 하고 그는 생각했다. 그 부부와 함께 기도를 마친 후에, 릭이 물었다. "두 분은 어떻게 만나셨어요?" 그들의 대답은 애매하고 모호해 보였다. "함께 기도하는 중에 나는 주께로부터 한 단어를 받았답니다. 그건 바로 '우리아'였어요"라고 릭이 말했다.

그 말을 듣자마자 부인이 울기 시작했다. "오, 주여!" 그녀는 하늘을 쳐다보며 소리쳤다. "주께서 이 모든 죄를 자백하게 하실 것임을 난 알고 있었어요." 그제야 부부는 자초지종을 털어놓았다.

부인은 예전에 한 번 결혼한 적이 있었다. 하지만 첫 결혼 생활 중에 사무실의 한 남자와 사랑에 빠졌는데, 그가 바로 현재의 남편이었다. 이들은 전 남편으로 하여금 이혼과 퇴직을 단행하도록 유도했다. 그 후엔 둘이서 회사를 장악했다. 물론, 그 부인은 우리아를 죽음으로 몰아넣었던 다윗 왕과는 달리 살인을 조종하진 않았다. 하지만 그녀는 첫 남편을 배신하고 기만했으며, 연인과 짜고 첫 남편의 회사를 훔쳤다. 그녀와 현 남편은 하나님께 범죄했으며, 이후로도 그 죄악이 줄곧 그들을 괴롭혀 왔다.

얘기를 계속하면서 부부는 다른 죄들도 연이어 자백했다. 릭은 그들의 문제가 사업적인 것만이 아님을 깨달았다. 그들에게는 보다 근본적인 '죄' 문제가 있었다. 하나님은 재정적인 문제를 이용하여 그들의 죄 문제를 처리하게 하셨다.

이것이 바로 성경적인 원칙이며 삶의 실상이다. 즉, 우리의 역경 중 다수는 죄에 의한 '직접적인' 결과인 것이다. 때때로 그것은 단순한 원인과 결과의 문제이다. 이를테면, 우리가 일터에서 부정직할 경우 고객을 잃거나 해고를 당하거나 심지어 체포될 수 있음이 그렇다. 한편 성적인 죄는 가족을 파괴하고 원치 않는 임신과 성병을 초래한다. 또한 분노와 원한의 죄는 인간관계를 파괴하며 생명을 단축시킬 수 있다. 요컨대 죄와 고난이 명백한 연관성을 갖는 경우가 종종 있는 것이다.

그러나 때로 하나님은 자연스런 인과관계를 갖지 않는 역경을 우리에게 허용하시기도 한다. 이 부부가 재정적인 문제로 릭을 찾아갔을 때, 이들은 당면 문제를 은밀한 죄악과 연관시키지 않았다. 만일 그 연관성을 파악했더라면, 노출을 우려해 상담하러 가지도 않았을 것이다. 그러나 하나님은 사업상의 곤경을 통해 그들로 하여금 릭을 찾아가게 만드셨다. 그리고는 그들의 죄 문제를 드러내기 위해 릭에게 "우리아"라는 이름을 생각나게 하셨다.

자애로우신 하나님은 때로 우리를 치유하시고자 고통을 주기도 하신다. 사실, 우리의 고난이 죄의 결과인 경우에는 대개 그리하신다.

역경의 여섯 가지 이유

그리스도인으로서의 여정과 성경 공부를 통해, 나는 삶에서 마주치는 역경에 대한 여섯 가지 이유들을 찾아냈다.

1. 하나님의 자녀 됨

하늘에 계신 우리 아버지는 자녀들의 성장과 성숙을 위해 때로 역경을 활용하신다. 잠언은 이르기를, "내 아들아 여호와의 징계를 경히 여기지 말라 그 꾸지람을 싫어하지 말라 대저 여호와께서 그 사랑하시는 자를 징계하시기를 마치 아비가 그 기뻐하는 아들을 징계함 같이 하시느니라"(3:11-12)고 한다. 또한 히브리서는 "너희가 참음은 징계를 받기 위함이라 하나님이 아들과 같이 너희를 대우하시나니 어찌 아버지가 징계하지 않는 아들이 있으리요"(12:7)라고 가르친다.

2. 다른 사람들과의 하나 됨

때로 하나님은 우리가 고난 받는 다른 사람들을 더 잘 이해하고 그들을 위해 사역할 수 있도록 역경을 이용하신다. 바울은 이르기를, 하나님이 "우리의 모든 환난 중에서 우리를 위로하사 우리로 하여금 하나님께 받는 위로로써 모든 환난 중에 있는 자들을 능히 위로하게"(고후 1:4) 하신다고 한다. 하나님은 우리 모두를 교회 공동체에 속하게 하여 서로 한 지체가 되게 하셨다. 바울이 말하듯이, "만일 한 지체가 고통을 받으면 모든 지체가 함께 고통을 받고 한 지체가 영광을 얻으면 모든 지체가 함께 즐거워" 한다(고전 12:26).

3. 시험

앞에서 보았듯이, 하나님은 당신의 나라에서 지도적인 역할을 감당하게 하시려고 유다 시험과 성실성 시험과 인내 시험 그리고 성공 시험을 지나게 하신다. "너희 믿음의 확실함은 불로 연단하여도 없어질 금보다 더 귀하여 예수 그리스도께서 나타나실 때에 칭찬과 영광과 존귀를 얻게 할 것이니라"(벧전 1:7).

4. 우리의 소명과 준비

역경은 억압과 스트레스를 견디는 법을 가르쳐 준다. "내 형제들아 너희가 여러 가지 시험을 당하거든 온전히 기쁘게 여기라 이는 너희 믿음의 시련이 인내를 만들어 내는 줄 너희가 앎이라 인내를 온전히 이루라 이는 너희로 온전하고 구비하여 조금도 부족함이 없게 하려 함이라"(약 1:2-4).

5. 하나님을 신뢰하는 능력

역경은 우리가 하나님을 신뢰하는 법을, 그리고 우리의 필요를 채우시는 그분을 온전히 의지하는 법을 배우도록 하는 신앙 학교이다. 바울이 가르치듯이, "하나님은 미쁘사 너희가 감당하지 못할 시험 당함을 허락하지" 아니하신다(고전 10:13).

6. 우리의 죄

때로, 우리는 자신의 개인적인 삶이나 공동체적인 삶 속에서 범하는 죄 때문에 역경에 직면한다. 상담 받기 위해 릭 히렌을 찾아갔던 부부가 경험했던 역경이 바로 이런 종류였다. 하나님은 그 부부가 감추려 하던 죄로 인해 그들에게 역경을 보내셨다. 하지만 그것은 사랑의 표현이었다.

분명 성경에서는 역경이 모든 신자들의 삶의 일부라고 가르친다. 하지만 우리는 다음과 같은 성경 원칙을 또한 명심해야 한다. 곧 '우리에게 닥치는 역경이 죄로 인한 직접적인 결과일 때도 있다.' 죄 때문에 고난 당할 때, 우리는 역경을 통해 말씀하시는 하나님의 음성에 귀 기울여야 한다. 그 후에는 우리 삶의 방향을 바꾸어야 한다.

방향을 바꾸라!

사무엘하 21장에서 우리는 죄로 말미암는 역경의 비극적인 사례를 본다. 다윗 왕 시대에 이스라엘에 기근이 닥쳤다. 그 기근이 3년간 지속된 후에, 다윗은 하나님 앞에 나아가 간구했다. 그때 여호와의 말씀이 다윗에게 임했다. "이는 사울과 피를 흘린 그의 집으로 말미암음이니 그가 기브온 사람을 죽였음이니라"(1절).

당신은 기브온 사람들을 기억할 것이다. 그들은 교묘한 계략으로 여호수아와 이스라엘 자손들을 속였던 가나안 거민이다. 여호수아 이래로 사울 왕 시대에 이르기까지, 기브온인들은 나무를 패고 물 긷는 일을 하면서 이스라엘을 섬겼다. 여호수아 당시 이스라엘은 기브온 거민을 결코 해치지 않겠노라 약속했지만, 사울 왕은 그 언약을 깨트리고 그들을 멸절시키려 했다. 이제 사울은 죽었지만, 죄의 얼룩은 온 민족 위에 여전히 남아 있었다.

그래서 다윗 왕은 살아남은 기브온 거민을 불러, "내가 너희를 위하여 어떻게 하랴 내가 어떻게 속죄하여야 너희가 여호와의 기업을 위하여 복을 빌겠느냐?" 하고 물었다. 그들은 사울 왕의 후손들 중 남자 일곱을 처형할 것을 요구했다. 다윗이 그 요청을 받아들였고, 기브온인들은 구약의 공의 체제인 "눈에는 눈"의 원칙에 따라 보복했다. 그 후에야 비로소 기근이 그쳤다.

만일 우리가 스스로 죄와 반역에 빠져들면, 그는 우리를 회개시키기 위해 역경을 이용하실 것이다. 『고통의 문제』에서 C. S. 루이스가 썼듯이, "하나님은 우리의 즐거움 속에서 속삭이시고 우리의 양심 속에서 말씀하시지만, 우리의 고통 속에서는 외치신다. 그것은 귀먹은 세상을 일깨우는 그분의 메가폰이다."[1)]

한 번은 내 친구 하나가 우리 삶의 방향을 변화시키기 위해 하나님이 사용하시는 과정에 대해 설명했다. "만일 우리가 하나님의 자녀라면, 그리고 하나님이 어떤 일을 우리에게 맡기고자 하신다면 그는 먼저 잔잔하고 낮은 음성으로 말씀하실 거야. 우리의 이름을 부르면서, '방향을 바꿔라' 하고 부드럽게 말씀하시는 거지. 만일 우리가 귀 기울여 듣지 않으면, 그분은 우리의 어깨를 두드리견서 '방향을 바꿔라' 하고 말씀하실 수도 있어. 그래도 여전히 우리가 귀 기울이지 않는다면, 그는 우리의 양 어깨를 붙들고서 '방향을 바꿔!' 하고 외치실 걸세. 그런데도 우리가 그 메시지를 여전히 거부하면, 그는 우리를 바닥에 쓰러뜨리실 거야. 이 상황에서는, 우리가 그분의 말씀에 주의를 기울이지 않을 수가 없을 거야."

하나님은 당신의 피조물과의 긴밀한 관계를 위해 고통을 활용하신다. 예수께서 바울과의 관계를 어떻게 맺으셨는지 생각해 보라. 그분은 바울의 눈을 멀게 하시고 그의 삶에 닥치는 위기들을 활용하셨다. 이것은 하나님이 피조물을 위해 가장 먼저 택하시는 방법이 아니다. 로마서 2장 4절은 하나님이 자비와 긍휼을 더 선호하심을 밝히고 있다. "혹 네가 하나님의 인자하심이 너를 인도하여 회개하게 하심을 알지 못하여 그의 인자하심과 용납하심과 길이 참으심이 풍성함을 멸시하느냐."

종종 우리는 고통에서 벗어나게 해 달라고 하나님께 간구하지만, 사실은 고통의 과정을 겪으면서 하나님을 더욱 사랑하게 된다. 순종의 동기가 다만 고통을 모면하는 데 있다면, 그 순종은 오래가지 못할 것이다. 오직 사랑의 헌신을 동기로 삼는 순종만이 지속될 수 있다.

하나님이 요나더러 니느웨로 가라고 말씀하셨을 때, 요나는 반대 방향으로 가는 배를 탔다. 그래서 하나님이 폭풍을 보내셨고, 요나는 바다에 던져져 큰 물고기에게 삼켜졌다. 결국 물고기가 그를 토해 내기 전까지, 사흘 동안 요나는 물고기 뱃속에서 지내야 했다. 그리고 해변으로 떠밀려 나왔을 때 비로소 요나는 하나님이 지시하신 방향으로 기꺼이 향했다.

하나님은 우리를 자세히 알고 계신다. 우리를 경건으로 돌이키기 위해 어떤 동기를 부여해야 하는지를 잘 아신다. 그분은 우리에게 닥치는 모든 상황을 아신다. 시편 기자는 이렇게 썼다.

> 여호와여 주께서 나를 살펴보셨으므로 나를 아시나이다 주께서 내가 앉고 일어섬을 아시고 멀리서도 나의 생각을 밝히 아시오며 나의 모든 길과 내가 눕는 것을 살펴보셨으므로 나의 모든 행위를 익히 아시오니(시 139:1-3).

지금 당신의 죄와 습관과 삶의 방향을 알려 주시려는 하나님의 음성에 귀를 기울이는가? 그분은 당신에게 나지막이 속삭이고 계신다. 그분으로 하여금 소리 지르게 하지 말라. 그분으로 하여금 당신을 넘어뜨리게 하지 말라. 그분의 말씀을 들으라. 그분이 지시하시는 방향으로 삶을 돌이키라.

죄를 숨기지 말라

주 예수 그리스도마저 역경을 통해 순종을 배우셔야 했음을 아는가? 언뜻 예수께서 아무것도 (특히 순종에 대해서는 더욱 더) 배우실 필요가 없었으리라 생각될 것이다. 그러나 히브리서는 이르기를, "그가 아들이시면서도 받으신 고난으로 순종함을 배워서 온전하게" 되셨다고 (히 5:8-9) 기록한다.

당신은 이렇게 반문할 수도 있다. "성경은 정말로 예수께서 하나님께 순종하는 법을 배우셔야 했다고 말하는가? 그렇다면 순종을 배우기 전에는 그가 불순종하는 죄인이셨다는 뜻일까?" 아니, 그렇지 않다. 성경 말씀은 그런 뜻이 아니다. 예수님은 하나님께 불순종하신 적이 없다. 위에서 인용한 히브리서 본문의 바로 앞부분에서 "모든 일에 우리와 똑같이 시험을 받으신 이로되 죄는 없으시니라" (4:15)고 전한다.

만일 예수께서 결코 죄를 짓지 않으셨다면, 순종을 배우셨다는 말씀은 과연 무슨 뜻일까? 그것은 예수께서 고난 당하실 때, 사람이 하나님 아버지께 순종하기 위해 어떤 과정을 거쳐야 하는지를 배우셨다는 뜻이다. 순종이란 힘든 과정으로 우리의 많은 충동과 욕구들을 거부하라고 요구한다. 예수님은 이 땅에서 친히 고난을 당하면서, 전혀 죄를 범하지 않고서, 이 모든 것들을 배우셨다.

예수께서 고난을 통해 순종을 배우셨다면, 우리도 마땅히 그래야 한다. 하나님이 우리의 삶 속에 역경을 허용하시는 것은 그분의 뜻에 순종하는 일이 무엇인지를 가르쳐 주시기 위함이다. 하나님은 죄와 예전의 삶으로부터 우리를 분리시키기 위해 시련을 준비하신다. 그분은 고난을 활용하여 우리로 하여금 그분을 더 깊이 신뢰하며 의지하도록 이끄신다. 사도 베드로는 이렇게 말한다.

그리스도께서 이미 육체의 고난을 받으셨으니 너희도 같은 마음으로 갑옷을 삼으라 이는 육체의 고난을 받은 자는 죄를 그쳤음이니 그 후로는 다시 사람의 정욕을 따르지 않고 하나님의 뜻을 따라 육체의 남은 때를 살게 하려 함이라(벧전 4:1-2).

잠언은 이르기를, "재앙은 죄인을 따르고 선한 보응은 의인에게 이르느니라"(13:21)고 한다. 사무엘하 11장과 12장에 수록된 다윗 왕에 관한 비극적인 이야기에서 우리는 이 원칙과 관련된 분명한 사례를 발견할 수 있다.

다윗이 자그마한 눈뭉치처럼 대수롭지 않게 여겼던 많은 선택들은, 이후 고난과 수치와 비극의 눈사태로 변해 버렸다. 그 눈사태는 그가 군대를 이끌고서 전투에 나서는 대신 예루살렘에 머물렀을 때 이미 시작되었다. 다윗에게 시간이 남아돌았기에 밧세바와 더불어 간음을 범했을 뿐 아니라 살인으로써 그 죄를 감추려 했던 것이다. 한 가지 죄는 더 심한 죄로 우리를 이끌어 가고, 그것은 보다 심한 죄를 낳게 된다.

그러나 사랑의 하나님은 다윗의 죄가 숨겨지는 걸 용납하지 않으셨다. 그래서 하나님은 나단 선지자를 보내어 다윗의 죄를 드러내셨다.

이스라엘의 하나님 여호와께서 이와 같이 이르시기를 내가 너를 이스라엘 왕으로 기름 붓기 위하여 너를 사울의 손에서 구원하고 네 주인의 집을 네게 주고 네 주인의 아내들을 네 품에 두고 이스라엘과 유다 족속을 네게 맡겼느니라 만일 그것이 부족하였을 것 같으면 내가 네게 이것 저것을 더 주었으리라 그러한데 어찌하여 네가 여호와의 말씀을 업신여기고 나 보기에 악을 행하였느냐 네가 칼로 헷 사람 우리아를 치되 암몬 자손의 칼로 죽이고 그의 아내를 빼앗아 네 아내로 삼았도다(7-9절).

다윗은 솔직하게 자신의 죄를 자백하며 회개했고, 하나님은 그를 용서하셨다. 아울러 하나님은 다윗의 죄에 대한 결과가 따르리라고 말씀하셨다. 하나님의 용서는 그분과 죄인 사이의 깨트려진 관계를 회복시키지만, 용서가 모든 것을 원 상태로 돌려놓지는 못한다. 죄는 용서로도 변경시킬 수 없는 결과를 초래하기 때문이다.

자신의 죄를 숨기려고 시도했던 다윗 왕의 이야기는 성경 전반에 수록된 진리를 예시한다. "자기의 죄를 숨기는 자는 형통하지 못하나 죄를 자복하고 버리는 자는 불쌍히 여김을 받으리라"(잠 28:13), "스스로 속이지 말라 하나님은 업신여김을 받지 아니하시나니 사람이 무엇으로 심든지 그대로 거두리라 자기의 육체를 위하여 심는 자는 육체로부터 썩어질 것을 거두고 성령을 위하여 심는 자는 성령으로부터 영생을 거두리라"(갈 6:7-8).

죄는 기도를 방해한다

하나님은 "의인의 간구는 역사하는 힘이 큼이니라"(약 5:16)고 하셨다.

그러나 우리가 죄를 범하면, 하나님은 당신의 얼굴을 우리에게서 숨기시며 우리의 기도를, 죄를 자백하며 회개하는 기도 외에는 전혀 듣지 않으신다. "오직 너희 죄악이 너희와 너희 하나님 사이를 갈라놓았고 너희 죄가 그의 얼굴을 가리어서 너희에게서 듣지 않으시게 함이니라"(사 59:2).

우리는 이 원칙을 사울 왕의 생애를 통해 본다. 사무엘상 15장에서, 하나님은 이스라엘의 대적인 아말렉을 공격하라고 사무엘 선지자를 통해 사울에게 말씀하신다. 하나님의 지시는 분명하고도 구체적이다. 즉, 가축을 포함하여 아말렉의 모든 것을 멸하라는 명령이다. 사울은 군대를 소집하여 아말렉을 공격했지만, 하나님의 지시에 따르지는 않았다. 아말렉의 양들과 소떼 중에서 가장 좋은 것들을 따로 챙긴 것이다.

하나님은 선지자 사무엘에게, "내가 사울을 왕으로 세운 것을 후회하노니 그가 돌이켜서 나를 따르지 아니하며 내 명령을 행하지 아니하였음이니라"(삼상 15:11)고 말씀하신다. 그러자 사무엘은 하나님 앞에서 밤새도록 울며 기도하고 나서, 아침에 사울을 만나러 간다.

찾아온 사무엘을 보고서, 사울은 "내가 여호와의 명령을 행하였나이다"(13절)라며 거짓말을 하고, 이 말을 들은 사무엘은 "그러면 내 귀에 들려오는 이 양의 소리와 내게 들리는 소의 소리는 어찌 됨이니이까"(14절)라고 거짓을 지적한다.

사울은 잽싸게 머리를 굴려 비난을 전가시킨다. "그것은 무리가 아말렉 사람에게서 끌어온 것인데 백성이 당신의 하나님 여호와께 제사하려 하여 양들과 소들 중에서 가장 좋은 것을 남김이요 그 외의 것은 우리가 진멸하였나이다"(15절).

물론, 사울은 병사들이 그 자신의 지시에 따라 행동했다는 사실은 언급하지 않는다. 다만 짐승들이 하나님께 제사하는 데 사용될 것이라 말함으로써, 사울은 자신의 불순종 행위가 용납될 줄로 믿는다.

"가만히 계시옵소서." 거짓말을 더 이상 듣고 싶지 않은 사무엘이 말한다. "간밤에 여호와께서 내게 이르신 것을 왕에게 말하리이다 …여호와께서 왕에게 기름을 부어 이스라엘 왕을 삼으시고 또 여호와께서 왕을 길로 보내시며 이르시기를 가서 죄인 아말렉 사람을 진멸하되 다 없어지기까지 치라 하셨거늘 어찌하여 왕이 여호와의 목소리를 청종하지 아니하고 탈취하기에만 급하여 여호와께서 악하게 여기시는 일을 행하였나이까?"(16-19절)

사울 왕이 그 짐승들을 하나님께 제사하는 데 사용할 생각임을 재차 언급할 때, 사무엘은 이렇게 대답한다. "순종이 제사보다 낫고 듣는 것이 숫양의 기름보다 나으니 이는 거역하는 것은 점치는 죄와 같고 완고한 것은 사신 우상에게 절하는 죄와 같음이라 왕이 여호와의 말씀을 버렸으므로 여호와께서도 왕을 버려 왕이 되지 못하게 하셨나이다"(22-23절).

사울이 왕으로 인정받지 못한 까닭은 공공연히 하나님께 반역해서가 아니었다. 단지 그는 나름의 방식으로, 곧 자신의 규정대로 하나님을 섬길 수 있다고 생각했을 뿐이다. 그래서 불편하게 보였던 하나님의 지시를 무시했다. 사울 왕은 하나님의 지시를 그대로 실행하는 일이 시간 낭비라고 생각했다. 그래서 자신이 순종하고 싶은 것에만 순종하고 그 외의 것에는 불순종했으며, 탈취물의 일부로 하나님께 제사를 드리기만 하면 아무 탈이 없을 줄로 여겼다. 그러나 하나님은 조롱을 받으실 수 없다. 우리는 뿌린 대로 거둔다.

사울이 나라를 잃은 것도 바로 이런 식이었다. 우리 역시 자신의 왕국과 리더십을 그리고 하나님께 쓰임 받을 수 있는 유용성을 그와 같은 식으로 잃을 수 있다.

또한 우리는 하나님이 우리의 삶에서 죄악을 제거하시고자 때로 사탄을 이용하기도 하심을 자각할 필요가 있다. 고린도 교인들에게 보낸 바울의 편지에서도 이 점이 언급된다. 바울은 고린도 교회의 어떤 사람이 노골적으로 성적인 죄를 범한다는 애기를 들었다. 더욱 심각한 것은, 이교도들마저 수치스럽게 여기는 그 죄를 고린도 교회가 너그럽게 용납했다는 사실이다. 이에 바울은 고린도 교회에게 이렇게 썼다.

> 주 예수의 이름으로 너희가 내 영과 함께 모여서 우리 주 예수의 능력으로 이런 자를 사탄에게 내주었으니 이는 육신은 멸하고 영은 주 예수의 날에 구원을 받게 하려 함이라 (고전 5:4-5).

바울은 이 사람의 영혼을 멸하여 영원한 징벌에 처하도록 지시한 것이 아니라, 그를 사탄에게 내어 주어 그의 "죄악된 본성이 멸해지고 그 영혼은 주 예수의 날에 구원 받을 수 있게 하라"고 지시했다. 역설적으로 들릴 수 있지만, 우리를 향하신 사랑 때문에 하나님은 사탄으로 하여금 우리를 괴롭히게도 하신다.

십자가로 나아가시기 직전에, 예수님은 시몬 베드로에게 이렇게 말씀하셨다. "시몬아, 시몬아, 보라 사탄이 너희를 밀 까부르듯 하려고 요구하였으나 그러나 내가 너를 위하여 네 믿음이 떨어지지 않기를 기도하였노니 너는 돌이킨 후에 네 형제를 굳게 하라"(눅 22:31-32). 사탄은 신자를 괴롭히기 위해 먼저 하나님의 허락을 구해야 한다. 그 신자가 욥이든 시몬 베드로든 혹은 우리들이든, 마찬가지다.

비록 하나님이 사탄으로 하여금 시몬 베드로를 "까부르도록" 허락하셨지만, 예수님은 베드로의 믿음이 사탄의 공격을 이겨 낼 수 있게 해 달라고 기도하셨다. 예수님은 오늘 우리를 위해서도 같은 기도를 올리신다.

하나님이 신자를 사탄에게 내어 주시는 목적은 그를 멸하기 위함이 아니라 회복시키기 위해서다. 우리는 이 같은 고통의 효과를 고린도후서에서 엿볼 수 있다. 바울이 고린도후서를 쓸 때, 고린도인들은 바울의 지시대로 따른 상태였다. 그들은 그 부도덕한 사람을 교회에서 내쫓았고, 그는 자신의 죄를 자백하고 회개했다. 그래서 바울은 이렇게 쓴다.

> 이러한 사람은 많은 사람에게서 벌 받는 것이 마땅하도다 그런즉 너희는 차라리 그를 용서하고 위로할 것이니 그가 너무 많은 근심에 잠길까 두려

위하노라 그러므로 너희를 권하노니 사랑을 그들에게 나타내라(고후 2:6-8).

만일 당신이 지금 죄악에 빠져 있다면, 회개하고 하나님께로 돌이키라. 죄 때문에 당신의 나라를 잃지 말라. 사탄이 시몬 베드로를 까불렀듯이 당신을 까부르도록 조종을 당하지 말라. 하나님은 불의한 삶을 축복하시진 않지만, 겸손하고 통회하는 심령은 기꺼이 축복하신다. 사도 요한이 말하듯이, "만일 우리가 우리 죄를 자백하면 그는 미쁘시고 의로우사 우리 죄를 사하시며 우리를 모든 불의에서 깨끗하게 하실 것"이다(요일 1:9).

질병과 죄

비록 하나님이 우리의 고통을 자신의 삶과 다른 이들의 삶을 위한 축복으로 전환시키실 수는 있지만, 고통은 여전히 고통이다. 고난은 여전히 고난이다. 질병과 상처는 언제나 견디기 힘든 것이다. 우리가 그 속에서 하나님의 목적을 발견할 때에도 마찬가지다. 성경에 의하면, 그리고 내가 관찰한 바에 의하면 신체적 질병을 일으키는 주요 원인은 다음 네 가지로 요약할 수 있다.

1. 질병은 하나님께 영광을 돌리게 할 수 있다

때로 하나님은 자신의 영광을 위해 그리고 당신의 능력과 사랑에 대해 더 많이 가르쳐 주시려고 질병을 허용하신다. 요한복음 11장에서는 예수님의 친구 나사로가 병들어 죽는 장면이 나온다. 나사로가 병들었다는 소식을 들은 예수님은 "이 병은 죽을 병이 아니라 하나님의 영광을 위함이요 하나님의 아들이 이로 말미암아 영광을 받게 하려 함이라"(4절)고 말씀하셨다.

예수님과 제자들은 나사로가 살던 동네인 베다니로 가셨다. 거기 도착했을 때, 그들은 나사로가 이미 나흘 전에 죽었다는 말을 전해 들었다. 왜 예수님은 친구가 죽은 지 나흘이 지나도록 기다리셨을까? 그것은 아마 유대 전설 때문이었을 것이다. 이 전설에 의하면, 어떤 사람이 죽으면 그의 영혼이 자신의 몸과 재결합하길 바라면서 사흘 동안 무덤 주위를 맴돈다고 한다. 예수님은 나사로가 다시 살아날 수 있다는 희망을 철저히 없애시고자 일부러 나흘 동안 기다리셨다.

무덤에 도착하여 나사로의 누이들과 친구들이 곡하며 우는 모습을 보고서, 예수님도 그들과 함께 우셨다. (사실 우리가 슬퍼할 때마다 그분도 늘 함께 슬퍼하신다). 그러고 나서는 "돌을 옮겨 놓으라 …내 말이 네가 믿으면 하나님의 영광을 보리라 하지 아니하였느냐"(39-40절)라고 말씀하셨다.

사람들이 돌을 옮기자 예수께서는 기도하신 후에 무덤을 향해 "나사로야 나오라" 하고 부르셨다. 그러자 나사로가 수의를 두른 채로 나왔다. 예수님은 나사로의 친구들에게 "풀어놓아 다니게 하라"(44절)고 말씀하셨다. 곧 이 이적에 관한 소문이 두루 퍼졌다.

예수님 당시에 사실이었던 것은 지금 우리에게도 여전히 사실이다.

때로 하나님은 당신께 영광을 돌리며 당신에 관해 더 많이 알게 하시고자 우리의 삶 속에 질병을 허락하신다. 이 원칙과 관련하여 시편 기자는 "고난 당한 것이 내게 유익이라 이로 말미암아 내가 주의 율례들을 배우게 되었나이다"(시 119:71)라고 고백했다.

내 친구인 키타와 존도 이 진리를 배웠다. 존은 반복 입원을 요하는 중병에 걸렸다. 키타는 왜 존이 이 질병으로 계속 고통 당해야 하는지를 이해할 수 없었다. 그녀는 그것이 하나님의 징계의 손길일 수도 있겠다고 생각했다. '과연 무슨 죄로 인해 존이 이토록 고통 당하는 걸까?'

나는 키타가 그런 의문에 사로잡혀 있는 줄은 전혀 몰랐다. 그러던 어느 토요일 아침 성경공부 시간에, 나는 요한복음 9장을 읽고 있었다. 예수님과 제자들이 태어나면서부터 눈 먼 사람을 만나는 내용이었다. 제자들은 "랍비여 이 사람이 맹인으로 난 것이 누구의 죄로 인함이니이까 자기니이까 그 부모니이까"(2절)라고 물었다. 그러자 예수님은 "이 사람이나 그 부모의 죄로 인한 것이 아니라 그에게서 하나님이 하시는 일을 나타내고자 하심이라"(3절)고 대답하셨다. 그리고 나서는 그를 치유해 주셨다.

이 내용을 읽으면서, 나는 키타에게 전화하고픈 마음이 들었다. 그녀는 존과 함께 병원에 있느라 집을 비운 상태여서 나는 음성 메시지를 남겼다. "나는 요한복음 9장을 읽고 있어. 그 내용을 읽는 중에 네게 전화하라고 하나님이 지시하시는 걸 느꼈어…." 그리고 나서 나는 기타에게 그 이야기를 자세히 전해 주었다. "이 이야기가 네게 각별한 의미로 받아들여질지는 잘 모르겠지만, 나는 주께서 그것을 네게 알려 주길 원하신다고 느꼈어."

그날 밤, 키타가 내게 전화했다. "오스, 그 이야기는 바로 나를 위한 거야. 나는 존의 질병이 어떤 죄의 결과일지도 모른다고 생각하며 근심하고 있었어. 하지만 하나님은 존의 질병이 또 다른 목적을 위한 것임을 너를 통해 알려 주셨어. 사실, 그런 메시지를 오늘 내게 보내 준 건 너만이 아니야."

이어서 키타는 존의 질병이 하나님의 영광을 위한 것이라고, 또한 키타가 존의 영적 상태에 대해 관심을 갖길 하나님이 원하신다고 존의 담당 의사가 말했노라 전해 주었다. 하나님은 키타에게 똑같은 메시지를 보내기 위해 두 명의 종들을 쓰셨다. 그리고 몇 주 후, 하나님은 존을 치유하셨다.

2. 질병은 징계의 심판일 수 있다

때로 하나님은 죄를 징계하는 심판으로 질병을 허용하신다. 바울은 이르기를 어떤 질병은 우리의 죄 때문에 생긴다고 한다. 그는 죄악을 회개하지 않고서 성찬식에 참예해서는 안 된다는 사실을 특히 강조한다.

> 그러므로 누구든지 주의 떡이나 잔을 합당하지 않게 먹고 마시는 자는 주의 몸과 피에 대하여 죄를 짓는 것이니라 사람이 자기를 살피고 그 후에야 이 떡을 먹고 이 잔을 마실지니 주의 몸을 분별하지 못하고 먹고

마시는 자는 자기의 죄를 먹고 마시는 것이니라 그러므로 너희 중에 약한 자와 병든 자가 많고 잠자는 자도 적지 아니하니 우리가 우리를 살폈으면 판단을 받지 아니하려니와 우리가 판단을 받는 것은 주께 징계를 받는 것이니 이는 우리로 세상과 함께 정죄함을 받지 않게 하려 하심이라(고전 11:27-32).

만일 당신이 병에 걸리면, 이 질병이 과연 어떤 죄에서 비롯된 것인지의 여부를 알려 달라고 하나님께 간구하라. 만일 처리되지 않은 죄가 생각나면, 거기서부터 시작해야 한다. 회개와 건강 사이에도 연관성이 있다. 야고보서는 다음과 같이 말씀한다. "믿음의 기도는 병든 자를 구원하리니 주께서 그를 일으키시리라 혹시 죄를 범하였을지라도 사하심을 받으리라"(5:15). 만일 당신이 죄를 숨기고 있다면, 그것을 처리하고 자백하며 회개하고서, 하나님의 뜻에 합당하게 건강하고 즐거운 삶을 살아야 할 것이다.

3. 질병은 사탄에게서 비롯된 고통일 수 있다

때로 질병은 사탄에게서 비롯되는 고통이다. 물론 질병은 우리의 범죄와 전혀 상관없이 닥칠 수도 있다. 사탄은 세상에서 활동 중이며, 우리를 훼방하며 괴롭히기 위해 안간힘을 쓴다. 욥의 머리에서부터 발끝까지 종기가 난 것이 사탄의 짓이었음을 기억하라. 하지만 동시에 사탄이 하나님의 허락하신 범위 내에서만 그런 활동을 할 수 있다는 점도 기억하라.

하나님은 사탄의 계획이 아니라 자신의 계획을 이루기 위해 그 고통을 사용하실 것이다. 신자들의 삶에 있어서는 모든 것이 합력하여 선을 이룬다. 하나님이 사탄의 활동마저 우리의 더 큰 성숙과 더 깊은 믿음을 위해 그리고 주님과 더 가까이 동행하게 하는 데 이용하실 수 있기 때문이다.

4. 질병은 타락한 세상의 자연스런 일부일 수 있다

누구도 이 세상에서 영원히 살지 않는다. 나이를 먹으면서 우리의 몸은 쇠해지기 시작한다. 이것은 타락한 세상에서 사는 삶의 자연스런 과정이다. 이 땅을 떠날 시점이 점점 더 가까워짐에 따라, 하나님은 우리의 삶을 끝내기 위해 질병을 허용하실 수 있다.

이 글을 쓰고 있는 지금, 80대 중반이신 나의 어머니는 치매에 걸려 있다. 치매는 점차적인 기억력 저하에다 성격 변화를 동반하는 질병이다. 어머니를 주로 돌보는 이들은 나의 네 자매들이며, 나는 승용차로 네 시간 거리를 달려서 정규적으로 어머니를 찾아뵌다. 어머니의 질병은 어떤 면에서 우리 가족을 결집시켰고 또 어떤 면에서는 우리 가족을 분리시켰다.

어머니의 병세는 척추 문제와 탈수증으로 입원하셨던 2003년에 시작되었다. 어머니는 늘 건강했고 두뇌도 명석하셨다. 우리는 어머니가 잠깐 입원했다 곧 정상 생활로 돌아올 거라고 생각했다. 하지만 퇴원한 어머니는 다른 사람이 되어 있었다. 어머니의 생각이 혼란스러웠고, 가족들의 이름도 제대로 부르지 못하셨다.

어머니의 악화 과정을 지켜보는 건 너무나 가슴 아픈 일이었다. 종종 나는 하나님이 사람들로 하여금 이생을 마감하게 할 때 다른 방법을 사용하셨으면 하고 생각한다. 성격상의 변화나 품위 상실을 수반하지 않는 방법 말이다. 때로는 이렇게 생각하기도 한다. '이 기간을 통해 하나님이 어머니의 삶에서 이루려 하시는 건 무엇일까? 내 삶에서 그리고 다른 가족들의 삶에서 하나님이 이루고자 하시는 일은 무엇일까?'

어머니의 질병이 서서히 악화되는 과정을 보면서, 나는 질병이 이생에 대한 우리의 집착을 느슨하게 만든다는 사실을 깨닫는다. 우리의 연약성은 우리 자신으로 하여금 그리고 우리가 사랑하는 자들로 하여금 하늘을 갈망하게 만든다. 나는 사도 바울이 한 말을 단단히 붙들고 싶다.

> 우리가 지금은 거울로 보는 것같이 희미하나 그때에는 얼굴과 얼굴을 대하여 볼 것이요 지금은 내가 부분적으로 아나 그때에는 주께서 나를 아신 것같이 내가 온전히 알리라(고전 13:12).

깊은 영성을 위한 질문들

01. 당신은 지금 역경의 때를 지나고 있는가? 이 장에 열거된 역경의 여섯 가지 이유들 중에서 현재 당신에게 닥친 역경을 가장 잘 설명해 주는 것은 무엇인가? (하나 이상을 선택해도 좋다.)

02. 당신은 죄를 감춘 적이 있는가? 죄를 감춘 결과는 어떠했는가? 그 죄가 노출된 적이 있는가? 그럴 때 당신의 기분은 어떠했는가? 당혹스러웠는가, 아니면 안도감을 느꼈는가?

03. 사무엘상 15장에서, 우리는 사울 왕이 하나님의 지시를 따르지 못해 왕국을 잃어버렸음을 목격한다. 당신은 하나님의 명령을 지키고 있는가, 아니면 당신의 왕국을 위기에 빠트리고 있는가?

04. 당신은 지금 질병에 시달리고 있는가? 만일 그렇지 않다면, 최근에 걸렸던 질병을 생각해 보라. 당신에게 질병을 허용하신 하나님의 목적이 무엇이라고 생각하는가?

11
내면의 영적 요새

우리가 육신으로 행하나 육신에 따라 싸우지 아니하노니
우리의 싸우는 무기는 육신에 속한 것이 아니요
오직 어떤 견고한 진도 무너뜨리는 하나님의 능력이라

고린도후서 10:3-4

어느 날, 나의 법정 대리인이 내게 전화를 걸어왔다. "내가 방금 존과 통화했어요."

존은 나의 친구이자 사업 동료였다. 우리 둘은 동업을 위한 합의를 도출하고 있었다. 나는 합의 내용의 마지막 몇 가지 세부 사항들에 대한 이견을 조율하도록 변호사에게 부탁했었다. 합의 내용은 모두 간단하고 명쾌했으며, 아무런 문제도 없을 것으로 보였다. 하지만 변호사의 목소리가 왠지 불안했다.

"통화 분위기가 어땠어요?" 하고 내가 물었다.

"별로 좋지 않아요. 친구 분이 뭔가에 대해 화가 난 것 같지만, 나로서는 그 이유를 모르겠네요."

"그럼 한 번 더 통화해 보세요."

다음날, 변호사는 다시 전화하여 똑같은 결과를 알려 주었다.

"알겠어요. 내가 얘기해 볼게요."

다음날, 나는 승용차로 90분을 달려 존에게 갔다. 우리는 마주 앉아서 동업 합의 사항을 검토했다. 그런데 얼마 지나지 않아, 존이 나의 법정 대리인에 대해 불평하기 시작했다. 그의 불평 내용은 모두 막연한 것이었다. 그는 그 변호사가 뻔뻔스럽고 거만하며 기만적인 사람이라고 했다. 이는 내가 아는 바와 전혀 달랐다. 말을 하면서, 존은 점점 더 화를 냈다. 나는 그를 진정시켰지만 그는 막무가내였다. 아무런 얘기도 통하지 않았다.

결국, 내가 소리쳤다. "존, 지금 자네를 몰아붙이고 있는 불안과 두려움의 영을 예수님의 이름으로 질책한다!"

존은 물러나 앉아 나를 빤히 쳐다봤다. 나는 말을 매우 부드럽게 하는 사람이며, 존은 내 입에서 그런 말이 나올 거라고 상상조차 하지 못했다. 솔직히 나 자신도 좀 놀랐지만, 그렇게 말할 필요가 있었다.

"존," 나는 말을 이었다. "무슨 일이 있었는지 나도 알아. 몇 년 전에, 자네는 변호사들에 의해 주도된 기업 인수 때문에 수백만 달러를 잃었지. 지금 자네는 옛 상처를 떠올리고 있는 거야. 나의 법정 대리인은 자네를 모함하려 하지 않아. 자네는 과거의 상처에서 벗어나 이 합의를 객관적인 시각으로 볼 필요가 있어. 그렇게 하는 것이 우리 둘 모두에게 공정해."

내 친구는 숨을 깊게 들이마셨다. "오스, 자네 말이 옳아. 내가 미처 자각하지 못했지만, 그게 사실이라네. 이전에 교활한 변호사들에게 속았던 적이 있는데, 그런 일이 다시 일어나고 있다는 생각이 무의식적으로 들었던 것 같아. 자네와 그 변호사에게 진심으로 사과하고 싶네."

존은 합의서에 서명했고, 이후에는 모든 게 순조롭게 진행되었다.

그로부터 몇 년 후, 나는 영적 원칙을 하나 배웠다. 앞서 내 친구 존과 더불어 갈등을 빚게 만들었던 것도 바로 이 원칙과 연관된다. 때로, 우리는 '영적 요새들' 때문에 역경에 직면한다!

영적 요새란?

영적 영역에서, 요새는 심령 속에 감추어진 요새화된 장소로서 마귀적이며 파괴적인 생각들이 장악할 수 있는 곳이다. 요새는 우리의 생각을 조종함으로써 행위를 통제하고 인간관계를 파괴한다. 요새는 감추어져 있으므로, 다른 사람들이 지적하기 전까지는 혹은 어떤 심각한 위기에 봉착하여 그 근본 원인을 점검해 보기 전까지는 스스로 그것을 자각하지 못한다.

영적 요새들이 어떤 사람의 내면에서 구축되어 가는 과정에는 일정한 패턴이 있다.

1. 파괴적인 '생각'이 그 사람의 마음에 들어가서 부정적인 신념을 형

성한다.
2. 그 사람이 이 파괴적인 생각과 신념에 몰두하는 가운데 파괴적인 '감정'이 일어난다.
3. 파괴적인 감정은 (다른 사람들에게 상처 주는 말들을 포함한) 파괴적인 '행동'을 유발한다.
4. 파괴적인 행동이 파괴적인 '습관'을 형성할 때까지 이 과정이 반복된다.
5. 습관이 더욱 견고해짐에 따라 '요새'가 건설된다. 일단 요새가 구축되면, 사탄은 은밀한 작전 기지를 그 사람의 심령 속에 확보한다.

당신은 '내 속의 영적 요새들을 내가 왜 자각하지 못했을까?' 하며 의아해 할 수도 있다. 그 이유는, 영적 요새들이 감추어져 있으며 의식적인 생각으로는 간파하기 힘들기 때문이다. 사실 그것들은 당신의 정신적인 여과 과정 자체와 결부되어 있다. 요새는 점검되지 않은 가정들, 곧 완전히 거짓임에도 불구하고 당신이 참되다고 가정하는 것들을 모조리 수용한다.

당신이 파란색 선글라스를 낀 채 태어났다고 가정해 보라. 당신은 파란 필터를 통해 세상을 보며 자랄 것이다. 주변 사람들의 피부가 파랗게 보이고, 벽들도 파랗고, 개와 고양이와 금붕어도 파랗게 보일 것이다. 온 세상이 파랗다는 사실이 당신에게는 전혀 이상하지 않으며 오히려 정상적으로 받아들여질 것이다.

요새도 그와 같다. 곧 그것은 정상적인 듯이 보이는 개념들과 가정들이다. 당신의 눈은 세상의 모든 것들을 그런 개념과 가정들을 통해 본다. 당신은 다른 방식으로 실제를 볼 수 있다는 사실을 전혀 모른다. 왜냐하면 이 여과된 실제만이 당신이 아는 전부이기 때문이다.

그런데 이제 그 파란색 안경을 처음으로 벗었다고 상상해 보라. 갑자기 당신은 예전에 전혀 알지 못했던 색깔들을 볼 수 있게 될 것이다. 밝은 흰색, 화사한 노랑, 따뜻한 빨강, 열정적인 오렌지색, 에메랄드 빛 녹색. 마치 전혀 새로운 세계가 당신 앞에 열린 것이나 다름없다. 우리의 눈을 가렸던 요새들을 하나님의 능력으로 마침내 제거할 때 역시 그와 마찬가지다.

하나님은 우리 각자를 일곱 가지 근본 욕구를 지닌 존재로 지으셨다. 성경에 이 일곱 가지를 나열한 곳은 없지만, 창세기 1장과 2장에서 이 모두를 발견할 수 있다.

1. 존엄
2. 권위
3. 축복과 필요
4. 안전
5. 목적과 의미
6. 자유와 경계
7. 친밀한 사랑과 교제

우리가 이 물리적, 정서적 기본 욕구들을 하나님의 계획 범위 밖에서, 하나님의 뜻을 거스르는 방식으로 만족시키려 할 때마다 우리의 내면에서는 나름대로의 요새가 구축되어 간다. 요새들은 이 타락한 세상의 패턴에 순응하도록 우리를 기만하려는 사탄의 한 가지 전략이다.

하나님은 우리의 생각과 마음이 전적으로 변화되고 새로워짐으로써 이 세상에 순응하지 않기를 바라신다. 그분은 우리의 생각을 사탄적인 기만에 붙들리도록 하는 이 요새들을 멸하려 하신다.

성경에 나오는 요새들

마태복음에는 두 평행 구절이 있다. 그중 하나는 마태복음 4장에 나온다. 예수께서 사탄의 시험을 당하시는 이야기이다. 사탄은 세 차례에 걸쳐 예수님을 시험했다. 마지막 시험에서 사탄은 예수님을 높은 산으로 데리고 가서 세상 만국을 다 보여 주고는, 만일 자신에게 절하고 경배하면 그 모두를 주겠다며 제의했다. 이에 예수님은 "사탄아 물러가라"고 하셨다(10절).

두 번째 평행 구절은 마태복음 16장에 나온다. 시몬 베드로가 "주는 그리스도시요 살아계신 하나님의 아들이시니이다"라는 유명한 신앙고백을 하자(16절), 예수님은 그를 축복하시며 베드로(반석)라는 새 이름을 지어 주셨다. 그것은 시몬 베드로의 이력에 있어 기념할 만한 순간이었다. 하지만 이 말씀을 하신 후에, 예수님은 베드로와 다른 제자들에게 자신이 고난 당하고 죽으리라고 말씀하셨다. 이에 베드로는 만류하면서, "주여 그리 마옵소서 이 일이 결코 주께 미치지 아니하리이다"(22절) 하고 말했다.

바로 여기서 두 번째 평행 구절이 발견된다. 예수께서 베드로에게 "사탄아 내 뒤로 물러가라 너는 나를 넘어지게 하는 자로다 네가 하나님의 일을 생각하지 아니하고 도리어 사람의 일을 생각하는도다"(23절)라고 하셨다.

"사탄아 물러가라"와 "사탄아 내 뒤로 물러가라"는 말씀에 다시 주목해 보라. 예수님은 거의 동일한 명령을 처음에는 사탄에게, 그 다음에는 베드로에게 하셨다. 예수께서 사랑하는 친구이자 제자인 베드로에게 그토록 충격적인 말씀을 하신 까닭은 그로 하여금 제정신을 차리게 하시기 위함이었다.

사탄이 베드로를 조종하여 그런 말을 하도록 했음을 예수님은 이미 알고 계셨다. 사탄은 베드로 안에 요새를 확보했다. 베드로 자신에게 있는 줄 몰랐던 강퍅함과 교만이라는 요새였다. 사탄은 베드로를 통해 말하고 있었고, 그를 이용하여 예수님의 사명을 훼방하려 했다.

이 내용은 사탄이 우리의 삶 가운데 요새들을 어떻게 이용하는지를 예시한다. 사탄은 삶 속 깊숙이 뿌리내린 기만적인 심적 경향, 거짓된 개념들, 그리고 죄악된 습관과 파괴적인 관행들 속에 숨어 있다. 우리는 이 개념과 습관과 관행들이 우리의 물리적, 정서적 필요를 채워 준다고 생각한다. 하지만 우리의 요새들에서 속삭이는 음성은 바로 사탄의 목소리이다. 작가이자 강연자인 프랜시스 프랜지팬은 『영적 전투의 세 영역』에서, 우리의 삶 속에서 요새들이 어떻게 구축되어 가는지를 묘사한다.

> 사도 바울은 요새를 가리켜, "하나님 아는 것을 대적하여 높아진 것"(고후 10:5)이라 규정한다. 마귀적인 요새는 하나님을 아는 지식보다 높아진 모든 사고 유형들을 가리킨다. 이를 통해 마귀는 각 사람의 생각에 확실한 영향력을 미친다.
> 대부분의 경우, 이는 "귀신 들림"과는 무관하다. 그리스도인은 귀신 들릴 수 없다는 것이 필자의 믿음이다. 왜냐하면 어떤 사람이 마귀에 "사로잡히면", 성령이 그리스도인의 심령을 채우는 것과 똑같은 방식으로 마귀가 그 사람의 심령을 채우기 때문이다.
> 하지만, 그리스도인들이 마귀에 의해 억압 당할 수는 있다. 이 경우에는 죄악된 생각들에 빠져들게 된다. 그 생각들이 자기 기만이나 거짓 교리들에 의해 옹호될 때에는 특히 그렇다. "나는 그리스도인이므로 내 속에는 마귀가 없어"라는 생각은 그릇되다. 마귀가 당신을 영원히 소유하지는 못하지만, 만일 당신이 악한 생각을 회개하길 거부하면 마귀가 당신 속에서 활동할 수 있다. 하나님을 향한 반역은 마귀를 위한 활동 공간을 제공해 준다.[1]

사탄이 영적 요새를 통해 우리의 삶에 강력한 영향을 미칠 수도 있다는 사실은 우리의 머리털을 곤두서게 한다. 우리의 심령 속에 자리 잡은 은밀한 요새로부터 속삭여 오는 사탄의 음성에 우리가 속아 넘어갈 수 있다는 사실을 거부하고 싶을 수도 있다. 하지만 이 점을 반드시 기억해야 한다. 베드로가 예수님을 메시아와 살아계신 하나님의 아들로 고백한 직후에, 그리고 예수께서 베드로를 축복하시며 그에게 새 이름을 주신 직후에, 예수께서 베드로를 꾸짖으시며 "사탄아 내 뒤로 물러가라"고 하셨다는 사실 말이다.

우리의 삶 속에 자리 잡은 영적 요새에 대한 문제는 매우 심각하다. 이 은밀한 요새에 의해 야기되는 위험에 주의할 필요가 있다. 그렇게 하지 않으면, 사탄은 우리의 삶 속에 치명적인 영향을 미칠 것이다.

요새 발견하기

나는 짐이라는 친구와 사무실을 함께 쓰곤 했다. 가끔씩 우리 둘은 멘토인 프랭크를 만나 성경에 수록된 영적 원리들을 배웠다. 프랭크는 많은 시간을 들여 영적 요새들에 대해 얘기했다. 그 토론을 통해 나는 안전과 두려움이라는 영역에 영적 요새를 지니고 있음을, 그리고 이 요새가 내 삶을 좀먹고 있음을 알게 되었다. 한편 짐은 반역과 교만이라는 요새를 지녔음을 발견했다.

우리의 멘토는 짐더러 그의 어머니에게 전화해서 짐의 성격에서 나타나는 증상들이 다른 가족들에게서도 흔했는지를 알아보라고 권했다.

짐은 전화하기를 망설였지만, 프랭크는 그 전화가 중요하다고 생각했다. 결국 짐은 전화를 걸었다. 그의 어머니가 전화를 받았을 때, 짐은 영적 요새의 개념에 대해 간단히 설명했다. "어머니, 프랭크는 나에게 반역의 요새가 있다고 생각해요. 어머니도 내 속에서 그것을 보세요?"

"물론이지." 어머니가 대답했다.

"우리 가족 전체가 그걸 지니고 있지."

짐은 놀랐다. 그 자신은 알지 못했지만, 그를 잘 아는 이들에게는 그의 반역성이 확연히 드러났기 때문이다. 짐이 어머니의 견해를 듣는 동안, 완고하고 고집 센 한 사람의(바로 그 자신의) 그림이 그려졌다. 다음으로, 짐은 남동생에게 전화했다. 동생의 대답도 똑같았다. 짐은 자신에게 반역의 요새가 있음을 인정해야 했다.

그 다음에 짐은 자신의 전처에게 전화했다. 이혼 후에도 짐과 그녀는 서로 따뜻한 관계를 유지해 왔다. 그는 그녀의 솔직함을 신뢰했다. 그녀의 대답 역시 그의 가족에게서 들은 내용과 대부분 일치했다. 짐은 자기가 지닌 분노에 대한 점수를 1부터 10 사이에서 매겨 보라고 부탁했다. 그러자 전처는 최고에 가까운 점수를 매겼다. 짐은 깜짝 놀랐다. "왜 그렇게 높은 점수를 매겼어? 우리 어머니와 동생은 그 부분에 대해 낮은 점수를 주었는데."

"그들은 당신과 결혼해 보지 않았으니까!" 하고 그녀가 웃으며 말했다.

짐은 얼굴을 찌푸렸다.

"그런데, 짐," 그녀가 덧붙였다. "당신의 삐침에 대해서도 점수를 매겨 볼까요?"

"삐침?"

"당신도 알다시피, 우리가 언쟁을 벌일 때마다 당신은 말을 하지 않았고, 그래서 내가 당신에게 가까이 다가갈 수가 없었잖아요?"

짐은 당황했다. 그는 수화기를 내려놓고 기도했다. 그러자 어릴 적부터 그를 괴롭혀 온 반역의 요새가 예수님의 강하신 이름으로 물리쳐졌다. 그제야 짐은 자신을 하나님께 온전히 복종시키고 하나님의 이름으로 다른 이들을 섬기고 싶은 마음이 들었다. 얼마 후에, 그는 혼자 사는 어머니를 찾아갔다. 어머니와 함께 대화하고 기도하던 중에, 어머니 역시 자신의 영적 요새들로부터 벗어나는 경험을 하기 시작했다.

몇 년 전에, 나는 싱가포르 출신의 두 그리스도인 여성들과 저녁식사를 함께 했다. 그들 중 하나가, "요새들이 어떻게 작용하나요? 그리고 그 파괴적인 영향으로부터 구원 받으려면 어떻게 해야 하나요?"라고 물어 왔다.

"내가 하나 물어 볼게요." 내가 말했다. "당신과 아버지 사이의 관계는 어땠나요?"

그녀는 놀란 표정으로 나를 보았다. "이상한 질문이네요!"

"그것은 요새 문제와 연관성이 많아요" 하고 내가 말했다. 나는 그녀가 사업에 몹시 열정적인 여성임을 이미 알아차렸다. 하지만 그 열정의 이면에는 불안이 있었다.

"글쎄요. 나와 아버지의 관계가 썩 행복한 건 아니었죠." 계속해서 그녀는 아버지에 대해 말했다. 성장기 동안 아버지는 줄곧 그녀에게 핀잔을 주었다. 그는 그녀의 과체중을 지적했고 아무 짝에도 쓸모없는 애라고 말하기도 했다. 대화중에, 그녀의 얼굴이 굳어졌다. 그녀는 점점 더 화가 났다.

그 얘기를 들은 잠시 후에 내가 말했다. "당신은 늘 아버지의 인정을 받으려고 애를 썼고 지금도 그런 것 같군요. 당신의 모든 추진력과 열정은 어떻게든 쓸모 있는 사람이 되어 아버지의 인정을 받으려는 데 초점이 맞춰져 있죠. 당신이 하는 모든 일들은 불안, 실패에 대한 두려움, 그리고 거부 당함에 대한 두려움 등의 요새로부터 비롯됩니다. 당신의 아버지도 마찬가지였어요. 아마 그분도 평생 동안 자신의 아버지에게서 인정을 받으려고 애를 썼을 겁니다."

그녀는 고개를 끄덕이며 눈물을 흘렸다. 일단 그녀 스스로 불안과 두려움과 거부 당함의 요새를 지니고 있음을 인정하자, 나는 그녀를 위해 기도할 수 있었다. 그날 이후로, 그녀는 오랫동안 고통스러웠던 삶의 영역에서 자유와 기쁨을 경험하기 시작했다.

통제 요새

대부분의 사람들처럼, 나 역시 친구, 멘토, 우리 회사 직원, 그리고 가족 구성원들을 통해 나의 요새들에 대해 배웠다. 나의 요새는 성경에서

나 일상생활에서나 흔히 목격할 수 있는 것이었다. 바로 불안과 두려움에 뿌리를 둔 통제적 성향이었다.

통제의 요새에 맞서기 위한 첫 번째 단계는 문제를 자각하는 것이다. 여러 해 동안, 나는 나의 요새에 속으면서도 그것을 도무지 알아차릴 수 없었다. 그 문제가 내 속에 있다는 걸 그리고 그것이 영적 요새라는 걸 알게 되기까지는 심각한 역경, 곧 요셉 구덩이 경험을 거쳐야 했다. 종종 우리는 위기에 직면해서야 비로소 자신을 점검한다.

(나의 첫 번째 결혼 실패를 포함한) 깨트려진 관계들의 중심에는, 사람들과 상황들을 통제하려는 욕구가 자리 잡고 있었다. 별거 전의 몇 년 동안, 아내와 나는 기독교 상담가들을 이리저리 찾아다녔다. 그들은 성경 원리들을 우리의 상황에 적용하려 했지만, 다툼의 불을 지펴 대는 근본 문제를 파악하진 못했다. 이때의 경험으로, 만일 상담자가 영적 요새와 같은 깊은 영적 문제들을 처리하지 못하면 그 상담 과정이 실패하고 만다고 나는 믿게 되었다.

나의 결혼 생활이 이혼으로 끝나고 난 후에야 비로소 나는 요새들에 대해 배웠다. 하나님의 은혜로 말미암아, 나는 내 속에서 통제의 영이 작용하고 있음을 볼 수 있었다. 그리스도를 닮지 못하도록 막는 다른 인격 영역들도 발견하기 시작했다. 지혜로운 동료 신자들과의 기도와 상담을 통해, 나는 이 통제의 영을 이해하고 떨쳐낼 수 있었다.

또한 나는 통제적인 인격이 다른 사람들에게도 흔한 요새임을 이해하기 시작했다. 통제적이라는 비난을 듣는 사람들은 대부분 자신에게 그런 문제가 있다는 걸 부인한다. 그러다 대개 심각한 위기에 직면해서야 비로소 그 문제를 직시하며 처리할 생각을 갖는다. 솔로몬 왕이 한때 갈파했듯이, "사람이 사람을 주장하여 해롭게 하는 때가" 있다(전 8:9). 통제적인 요새란 바로 그런 것이다.

통제적인 요새는 종교적인 심령의 중심에도 있다. 종교적인 심령을 가진 사람들은 완고하고 교리적이며, 죄의식과 두려움에 이끌리고, 변화와 새 개념들을 거부하며, 거만하고, 다른 생각을 지닌 사람들에게는 "너보다 거룩하다"는 식으로 대하며, 화를 잘 내고, 자신의 결함을 인정하기 싫어하며, 관계보다는 규정에 더욱 초점을 맞추려는 경향이 있다.

예수께서 우리를 구원하기 위해 죽으셨을 때, 그는 구원을 무상의 선물로 주셨다. 그러므로 우리가 할 일은 하나님의 은혜의 선물을 받아들이는 것뿐이다. 하지만 종교적인 심령의 영향을 받는 사람은 은혜를 그저 받아들이기가 힘들다. 대신에, 종교적인 심령은 노력에 근거하여 하나님의 은혜를 얻으려는 시도인 통제적인 시스템(종교)들에 집착한다. 그러나 이 종교적인 통제 시스템들은 십자가 사역을 무효화한다.

우리는 야곱의 생애에서 통제의 요새를 본다. "야곱"이란 이름은 "탈취자", "기만자" 또는 "조종자"를 뜻하는데, 이들 모두는 그의 통제적인 성격을 시사한다. 야곱이 하나님을 믿기는 했지만, 그는 줄곧 하나님의 뜻을 자신의 방식으로 이루려 했다. 먼저, 그는 아버지 이삭을 속여서 형 에서의 장자권을 훔치려고 어머니 리브가와 모의했다.

그러나 야곱은 삼촌 라반을 통해 자신의 주특기인 속임수의 쓴맛을 보았다. 야곱은 사랑하는 라헬과 결혼하고 싶었지만, 라헬의 아버지 라반의 속임수로 인해 라헬의 언니인 레아와 먼저 결혼했다. 라반 역시 기만자요 조종자로서, 자신의 딸들을 내세워 야곱을 속여서 14년간 무보수로 일하게 했다. 이처럼 야곱은 뿌리는 죄대로 거두기 마련이라는 성경적인 원리를 예시한다.

후에, 하나님은 야곱더러 가족에게로 돌아가라고 지시하셨다. 야곱은 형 에서의 진노가 두려워 자신을 보호하기 위한 꾀를 하나 생각해 냈다. 하나님이 그를 지켜 주겠다고 약속하셨음에도 불구하고, 야곱은 스스로 상황을 통제하고 하나님의 계획을 자신의 계획으로 대체하려 했다. 즉 자신의 가족을 나누어 두 방향으로 앞서 보낸 후 자신은 뒤에 남은 것이다.

그런데 바로 이때 한 천사가 야곱에게로 찾아가서 그와 더불어 씨름했다. 이 대결이 진행되는 동안, 하나님은 야곱의 강력한 통제 의지를 다루셨다. 야곱을 불구로 만들어 오직 하나님만을 의지하게 하신 것이다.

야곱은 자신이 바라는 조건으로 하나님을 섬기고자 하는 세상적인(육신적인) 그리스도인의 전형이다. 하나님은 야곱의 완고한 의지를 꺾을 필요가 있다고 느끼셨다. 그를 위한 유일한 방법은 야곱을 불구로 만들어 그의 통제 능력을 제하시는 것이었다.

야곱으로 하여금 삶의 원천이신 하나님을 의지하고 붙들게 하시기 위한 그분의 방법이었다. 또한 그것은 야곱으로 하여금 형 에서와의 관계를 깨지게 만드는 요새를 다루도록 했다.

내 친구 밥 멈포드는 "절지 않는 기독교 지도자를 조심하라"고 말한다. 여호와께서는 야곱을 사용하신 것과 똑같이 그리고 요셉을 사용하신 것과 똑같이 우리를 사용하길 원하신다. 하지만 우리를 사용하되 우리의 조건대로가 아니라 그분의 조건대로만 사용하신다. 그분은 당신의 뜻을 이루기 위해 우리의 통제 의지를 부수시고자 한다. 우리에게 요셉 구덩이 경험이 필요한 것도 바로 그 때문이다.

통제 요새의 특성과 근원

통제라는 영적 요새는 어디서 비롯되는가? 통제적인 사람들은 다음과 같은 공통적인 특성을 지니고 있다.

- 그들은 매우 불안하다. 그러나 불안한 모습이 쉽게 드러나지는 않는다. 왜냐하면 그들은 통제자이길 바라는 이기적인 요구와 거만함으로 자신의 불안을 감추기 때문이다.

- 그들은 대개 어린 시절에 상처를 입었다. 그들은 다시 상처를 받지 않으려면 주변 세계를 통제해야 한다고 생각한다. 즉 통제는 자기 보존의 한 방편이다.

- 그들은 의심과 경계심이 많다. 그들의 의심은 인간관계를 훼손한다.
- 그들은 화를 잘 낸다. 어떤 상황에 대한 통제력을 잃었다고 느낄 때, 그들은 낙심한다. 일이 잘못될 때, 심지어 자신의 잘못으로 인해 문제가 발생했을 때에도 그들은 다른 사람들을 비난하며 자신을 정당화한다.
- 그들은 두려워한다. 겉으로는 거창하게 행동하지만, 내면은 소심하다. 그들은 통제력을 잃을까봐 늘 두려워한다.
- 그들은 상황에 부적절하게 반응한다. 과잉 반응을 보이며 지나칠 정도로 심하게 화를 낸다. 사소한 문제들을 놓고서 격노하며, 히스테리성 반응을 나타낸다. 그들의 부적절한 반응은 다른 사람들에게 상처를 주며, 관계를 깨뜨린다.
- 그들은 통제하도록 훈련되었다. 그들은 가정에서 배웠다. 그들 자신이 통제적인 태도를 선택하는 것이 아니다. 단지 그것만이 아는 것의 전부일 뿐이다.

나 자신의 통제 요새를 발견하면서, 나는 통제적인 사람들의 이 같은 특성들에 대해 배웠다. 앞에서 언급했듯이, 다른 이들의 지적을 받고서야 비로소 나는 내 속에 있는 이 같은 특성들을 볼 수 있었다. 또한 그 후에도 이 특성들을 직시하길 거부하려는 마음과 싸워야 했다. 내가 하나님과 더불어 씨름하고 또한 나의 환도뼈가 탈골되고서야 비로소 나의 요새가 무너질 수 있었던 것이다.

하나님이 나로 하여금 그런 일을 겪게 하시는 중에, 나는 내 삶과 인간관계들에 영향을 미쳤던 통제적인 성격 패턴들을 내 속에서 많이 발견했다. 나는 주변 사람들로부터 부정적인 영향을 받지 않도록 그들을 통제하려 했다. 사람들이 나를 실망시키면 화가 났다. 삶이 내 방식대로 전개되지 않으면 두려웠다. 나는 실패의 두려움을, 목표를 달성하지 못하는 데 대한 두려움을, 성공적인 사업가이자 기독교 지도자로서의 이미지를 잃을지도 모른다는 두려움을 경험했다.

통제 요새를 지닌 사람들은 높거나 비현실적인 기대를 갖는 경향이 있다. 하지만 자신의 기대가 충족되지 않을 때, 그들은 낙심하고 화를 내며 때로는 욕설을 해 댄다. 통제적인 사람은 자신의 권리를 지나치게 옹호하는 경향이 있다. "나는 미쳐 버릴 권리가 있어!", "이건 내 삶이니 내가 하고 싶은 대로 할 거야!", "난 네 책임에 대해 알 권리가 있어!"

하나님이 통제적인 사람의 환도뼈를 탈구시켜 그의 통제 요새를 부서뜨리실 때, 그는 자신의 권리와 자격에 대해 더 이상 말하지 않는다. 사람과 상황에 대한 비현실적인 기대도 더 이상 갖지 않는다. 나의 요셉 구덩이 역경을 전후하여 나를 알았던 사람들은 나의 인격에 큰 변화가 있었다고 말한다.

하나님과의 관계나 사람들과의 관계에 있어 그리고 삶의 문제들을 처리함에 있어 생겨난 변화를, 나 자신도 잘 알고 있다. 하나님이 내 속의 깊은 곳에서부터 역사하신 사실에 대해 진심으로 감사드린다.

단념과 파괴

하나님은 당신의 삶을 사용하실 계획을 가지고 계신다. 지금 당신이 상상도 할 수 없는 방식으로 말이다. 하지만 먼저 당신은 잘못된 영적 요새의 문제로부터 구원 받을 필요가 있다. 그 문제들은 인간관계를 해치고 하나님의 도구로서의 자태를 훼손시킨다. 이번 장을 읽으면서 자기 삶에 미치는 요새의 영향력을 자각했다면, 그것을 지금 처리하라. 회개하라. 그 요새를 무너뜨리는 하나님의 능력을 의지하라. 예수님의 강하신 이름으로, 다음과 같은 기도를 올림으로써 그 요새를 단념하라.

하나님 아버지. 나는 내 삶을 조종해 왔던 영적 요새를 단념합니다. 나의 눈을 열어 주시며, 죄의 발판을 제공하는 내 삶의 숨겨진 영역들을 알려 주소서. 예수 그리스도의 임재와 능력을 통해 그리고 십자가에서 흘리신 그분의 보혈을 통해 주께서 내게 주시는 은혜를 나는 받아들입니다. 예수님의 이름으로 기도합니다. 아멘.

로마서 12장 2절에서 바울이 말했듯이, 마음을 새롭게 함으로써 지속적으로 변화를 받으라. 이것이야말로 하나님께로부터 말미암지 않는 영적 영향력들에 대항하는 최선의 보증이다. 하나님과의 관계가 날마다 깊어질 때, 당신은 사탄의 파괴 활동에 대응할 만한 능력을 더욱 강화시킬 수 있을 것이다. 그리고 사탄은 당신의 삶 속에 더 이상 요새를 세우지 못할 것이다.[2]

깊은 영성을 위한 질문들

01. 누군가 당신이 알지 못한 결함이나 습관에 대해 지적한 적이 있는가? 당신은 그 사람의 지적이 옳았다고 보는가, 아니면 틀렸다고 보는가?

02. 사람들이 당신의 삶에 대한 문제점을 지적할 때 당신은 어떤 반응을 보이는가? 자신을 변호하는가, 아니면 자신에 관해 새로운 무엇인가를 배우려 하는가?

03. 우리 스스로 볼 수 없는 내면의 요새들을 다른 사람들이 종종 볼 수 있는 이유는 무엇일까?

04. 당신은 "절뚝거리며" 걷고 있는가? 당신은 하나님과 더불어 어떻게 씨름했는가? 하나님이 당신의 삶에서 무너뜨리신 요새는 어떤 것인가?

05. 당신의 삶에서 통제적인 특성들이 발견되는가? 이번 장을 읽으면서 당신의 삶 속에 자리 잡은 다른 요새들을 찾아냈는가? 하나님의 도우심으로 이 요새들을 부수기 위해 당신이 취할 다음 단계는 무엇인가?

제4부

모험을 위한 힘찬 준비

역경 뒤집기

실패 정면돌파

요셉 소명 완수

12
역경 뒤집기

내 형제들아 너희가 여러 가지 시험을 당하거든 온전히 기쁘게 여기라

야고보서 1:2

내가 14세였던 1966년의 9월이었다. 집에서 TV를 보고 있는데, 갑자기 뉴스 속보가 나왔다. "테네시 산악 지대에서의 비행기 추락 사고로 세 명의 저명한 사업가들이 사망."

나는 아버지의 사망 소식을 그렇게 알게 되었다.

아버지 없이 자라는 과정은 정말이지 힘들고 고통스러웠다. 나는 아버지를 사랑했고 또 아버지가 필요했다. 왜 하나님이 아버지를 그렇게 갑자기 데려가셨는지 나는 이해할 수 없었다. 아무리 생각해도 그 죽음을 "축복"으로 여길 수는 없었다.

그러나 비극으로부터 생기는 축복들을 나는 계속해서 보아 왔다. 내 아버지가 돌아가신 이후로, 하나님은 나로 하여금 일찍이 아버지를 여

원 사람들을 많이 만나게 하셨다. 내 자신의 경험 때문에 나는 유사한 아픔을 겪은 이들과 곧바로 어울릴 수 있었다. 우리는 다른 사람들이 잘 이해하기 힘든 이 경험을 함께 나누었다.

별거와 이혼 기간 중에도, 나는 예전에 결코 알지 못했으며 내가 극복할 수 있으리라고는 상상도 못하던 정서적인 고통을 경험했다. 그리고 하나님은 다른 사람들의 축복을 위해 나의 고통을 이용하셨다. 결혼 위기에 직면한 사람들과 대화할 때, 나는 행복한 결혼 생활을 하는 사람들은 결코 할 수 없는 방식으로 그들을 이해한다. 그들을 격려할 때에도 나는 경험에서 나오는 권위로 말한다. 최근에 이혼한 사람에게 이혼 이후의 삶이 엄연히 존재함을 말할 때에도 그는 내 말을 신뢰해 주었다.

지난 7년 간의 재정적인 역경이 축복이었다고 말할 수는 없다. 그러나 하나님은 다른 이들에게 축복을 전하시고자 나의 시련을 이용하셨다. 이로써 사업 실패나 재정적 손실을 당하는 어떤 사람을 만날 때에는, 서로를 묶어 주는 공감대가 곧바로 형성된다.

하나님은 우리의 온갖 역경들, 곧 심장마비, 암, 자동차 사고, 중범죄, 파산, 사랑하는 사람과의 사별 등을 취하여 그 고통을 주변 사람들을 위한 축복으로 변화시키실 수 있다. 그리고 이런 경험을 통해 우리는 다른 이들을 더 잘 위로하고 격려할 수 있게 된다. 역경이 결코 축복일 수는 없지만, 하나님은 은혜 가운데 우리의 역경으로부터 축복을 이끌어 내실 수 있다.

순종을 가르치기 위한 역경

구약 성경 전반에 걸쳐, 하나님의 백성이 하나님을 따를 것인지 아니면 이 세상의 체제를 따를 것인지를 판가름하기 위해 하나님이 그 백성을 시험하시는 상황들이 많이 나온다. 요셉은 리더십 준비의 일환으로 유다 시험과 성실성 시험과 인내 시험과 성공 시험을 거쳤다.

이스라엘 백성은 40년의 광야 여정 기간에 여러 차례 시험을 당했다. "네 하나님 여호와께서 이 사십 년 동안에 네게 광야 길을 걷게 하신 것을 기억하라 이는 너를 낮추시며 너를 시험하사 네 마음이 어떠한지 그 명령을 지키는지 지키지 않는지 알려 하심이라"(신 8:2).

당신은 "어째서 하나님이 나를 시험하실 필요가 있단 말입니까? 그분은 우리가 어떤 상황에서 어떻게 행동할지를 모두 알고 계시지 않습니까?"라고 되물을 수도 있다. 그렇다. 하나님은 다 아신다. 그러나 우리는 모른다. 하나님이 우리를 시험하시는 것은 당신이 아직 모르는 어떤 것을 알아내시기 위함이 아니다. 그가 우리를 시험하시는 까닭은 우리로 하여금 우리 자신과 그분의 사랑과 능력과 신실하심에 대해 알 수 있도록 하시기 위함이다.

창세기 22장에서, 하나님은 아브라함을 시험하셨다. 모리아 땅의 산에서 그의 아들 이삭을 희생 제물로 바치게 하신 것이다. 이삭은 하나님이 아브라함에게 약속하신 독자였다. 그런 이삭을 희생 제물로 바치라는 하나님의 이 같은 명령은, 아브라함의 자손을 통해 큰 민족을 만들겠다고 하신 약속을 무효화시키는 듯했다. 만일 이삭이 죽는다면 하나님의 약속이 어떻게 실현될 수 있었겠는가?

하나님이 아브라함을 시험하신 것은 그가 진정으로 그분의 약속을 신뢰하는지의 여부를 드러내시기 위함이었다. 물론, 하나님은 아브라함이 어떻게 할 것인지를 이미 아셨다. 하지만 그분은 아브라함도 알게 되길 원하셨다. 그래서 아브라함을 시험대에 올리셨고, 아브라함은 그 시험을 통과했다. 아브라함이 칼을 들어 자신의 아들을 잡으려 했을 때, 하나님은 그를 제지시키고 대신 준비한 희생양을 내놓으셨다.

시편 기자는, "여호와여 나를 살피시고 시험하사 내 뜻과 내 양심을 단련하소서"(시 26:2)라고 했다. 모든 시험은 어떤 식으로든 순종을 요구한다. 하나님이 우리를 시험하실 때, 그분은 우리 마음의 참된 상태를 드러내신다. 우리는 하나님의 뜻에 순종하는가, 아니면 자기 뜻대로 행하는가? 이미 자신은 그 답을 알고 있다고 생각할 수 있겠지만, 시험을 당하지 않고서는 제대로 알지 못할 것이다.

역경의 세 가지 반응

역경에 직면할 때, 우리는 대체로 세 가지 중 하나의 반응을 보인다. 첫째, 분노한다. 둘째, 억지로 인내한다. 셋째, 기쁨으로 받아들인다.

1. 분노한다

역경이 닥칠 때마다, 우리는 "주여, 왜 내가?"라고 말한다. 우리는 분노하며 하나님과 다른 사람들을 비난한다. 자신을 희생자로 여기고, 자신의 불평 섞인 질문에 대한 답변을 하나님께 요구한다. "주여, 어찌하여 나를 사랑하지 않으십니까? 왜 내게 부당하게 대하십니까?" 우리는 삶과 건강과 부유함을 누릴 권한이 자신에게 있다고 생각한다.

2. 억지로 인내한다

역경에 대한 또 다른 반응은 금욕적인 태도로 자신의 감정을 억제하고 단지 인내하기만 하는 것이다. 스스로에게 거짓된 마음으로, "나는 참고 있어. 인내심을 보여 주고 있어"라고 되뇌는 것이다. 그러나 실제로는, 단지 거짓된 허세의 껍질로써 자신을 격리시키고 있을 뿐이다. 우리는 하나님의 사랑을 묵상하지 않고 기도하지 않으며, 진정 우리를 위해 하나님이 좋은 계획을 가지고 계심을 믿지 않는다. 단지 역경을 억지로 참으면서 "이건 곧 끝날 거야. 나는 살아남을 거야"라고 스스로에게 말할 뿐이다.

인상을 쓰면서 역경을 견뎌 내려고만 하는 사람들은 하나님이 계획하신 바를 결코 받지 못할 것이다. 또한 하나님의 교훈도 배우지 못할 것이다. 하나님은 우리가 역경을 맞아 그분을 더욱 친밀히 알게 되길 원하신다. 이사야는 "네게 흑암 중의 보화와 은밀한 곳에 숨은 재물을 주어 네 이름을 부르는 자가 나 여호와 이스라엘의 하나님인 줄을 네가 알게 하리라"(45:3)는 말씀을 전한다. 우리가 하나님과의 보다 깊은 관계에 들어갈 때 비로소 그분의 은밀한 보화를 발견할 수 있다.

3. 기쁨으로 받아들인다

하나님이 우리에게 바라시는 반응이 바로 이것이다. 역경이 닥칠 때, 우리는 하나님의 사랑 안에서 안식하며, 최선의 길을 알고 계신 그분을 신뢰한다. 그분의 허락 없이는 아무 일도 우리에게 일어날 수 없음을 깨닫는다. 삶 속에 고통이 닥치면 우리는 하나님이 우리의 성장을 위해 그것이 필요하다 생각하신다고 여기며, 다른 이들에게 사역하기 위해 우리의 고통을 이용하길 원하신다고 생각한다.

기쁨으로 시련을 통과할 때, 우리의 신앙은 성숙해진다. 우리의 삶 속에서 이루시는 일을 인하여 하나님께 감사할 수 있을 때, 우리는 선지자 느헤미야가 말했던 내적 기쁨을 갖는다. "근심하지 말라 여호와로 인하여 기뻐하는 것이 너희의 힘이니라"(느 8:10). 또한 이것은 사도 야고보가 말했던 기쁨이기도 하다. "내 형제들아 너희가 여러 가지 시험을 당하거든 온전히 기쁘게 여기라 …시험을 참는 자는 복이 있나니 이는 시련을 견디어 낸 자가 주께서 자기를 사랑하는 자들에게 약속하신 생명의 면류관을 얻을 것이기 때문이라"(약 1:2,12).

분노는 역경에 대한 자연스런 반응이다. 금욕적으로 참기만 하는 태도 역시 자연스런 반응이다. 그러나 기쁨으로 받아들이는 건 자연스럽지 않다. 그것은 초자연적이다. 그것은 자신의 인격으로부터 나올 수 있는 반응이 아니다. 오직 보혜사 성령께로부터 받을 수 있는 선물이다.

구약 성경의 책들 가운데 눈에 잘 띄지 않는 하박국이라는 짧은 선지서가 있다. 거기서 하나님은 이스라엘이 조만간 바벨론의 침공을 당할 것임을 선지자 하박국에게 알려 주셨다. 이스라엘이 하나님의 자애로 우신 징계의 일환으로서의 극심한 역경에 곧 직면할 것임을 하박국은 알았다. 그래서 그는 다가오는 민족적인 비극을 기쁨으로 맞았다.

> 비록 무화과나무가 무성하지 못하며 포도나무에 열매가 없으며 감람나무에 소출이 없으며 밭에 먹을 것이 없으며 우리에 양이 없으며 외양간에 소가 없을지라도 나는 여호와를 말미암아 즐거워하며 나의 구원의 하나님으로 말미암아 기뻐하리로다(합 3:17-18).

만일 하박국이 민족적인 재난에 직면하여 기뻐할 수 있었다면, 우리 역시 어떤 어려움에 직면해도 주 안에서 기뻐할 수 있다.

하나님의 권능을 드러내는 역경

만일 바다로 걸어 들어가 본 적이 있다면, 무릎 높이의 파도에는 서 있기 쉽다는 걸 알 것이다. 그리 위험하지도 않고, 상황을 충분히 통제할 수도 있다. 그러나 만일 더 깊은 곳으로 들어섰을 때 물결이 당신을 해안으로부터 점점 더 멀리 끌어간다면 문제가 발생한다. 더 이상 두 발을 딛고 서 있을 수가 없기 때문이다. 상황을 통제할 수 없는 것이다. 물결에 실려 다니며 물 위로 떠올랐다 가라앉았다 한다. 원하는 곳으로는 갈 수가 없다. 요셉 구덩이 경험이 바로 그런 느낌이다.

마태복음 14장에서, 예수님은 5,000명을 먹이신 후에 제자들을 보내어 호수를 건너게 하셨다. 제자들이 뭍에서 멀어졌을 때, 폭풍이 일어나 배를 곧 뒤집을 것 같았다. 희망을 포기하려는 참에, 제자들은 폭풍을 뚫고 물 위로 걸어오시는 예수님을 보았다. 하지만 그들은 그분이 예수님인 줄을 몰랐다. 공포에 사로잡힌 그들은 유령을 보고 있다고 생각했다.

그들의 두려움을 아시고서, 예수님은 "안심하라 나니 두려워하지 말라"(27절)고 말씀하셨다.

그러자 베드로가 "주여 만일 주님이시거든 나를 명하사 물 위로 오라 하소서"(28절)라고 말했다.

"오라." 예수께서 말씀하셨다.

그래서 베드로는 배에서 내려 물 위를 걸어 예수께로 나아갔다.

불가능한 일마저 서슴지 않는 믿음으로 물 위를 걸어오는 베드로를 보고서 예수님이 얼마나 기뻐셨을지를, 나는 감히 상상할 수 있다. 언젠가 한 친구가 말했듯이, "믿음은 모험을 동반한다." 만일 제자들 모두가 배에서 내려 물 위를 걸었다면 예수님은 더욱 기뻐셨을 것이다.

풍랑을 보고서 불안해지기 전까지는 베드로가 잘해 냈다. 그러나 예수께로부터 눈을 돌리는 순간, 베드로는 가라앉기 시작하여 "주여 나를 구원하소서" 하고 소리쳤다.

예수님은 그를 붙들면서, "믿음이 작은 자여 왜 의심하였느냐"(31절)라고 말씀하셨다.

제자들을 보내실 때, 예수님은 폭풍이 닥칠 것을 알고 계셨다. 오늘날에도 하나님은 삶의 폭풍 속으로 우리를 보내신다. 우리의 믿음이 성장하기 위해 무엇을 통과해야 하는지를 그분은 알고 계신다. 너무나 자주, 우리에게는 폭풍이 필요하다. 그 이유는 무엇일까? 베드로가 배웠던 것과 똑같은 교훈을 배우기 위해서이다. 즉, 우리의 눈을 예수께 고정시키는 한 불가능한 것은 없다!

세 가지 영적 단계

그리스도인의 삶에는 세 단계가 있다. 다시 말해 편의 단계, 위기 단계, 그리고 확신 단계가 그러하다. 하나님은 우리를 첫(미성숙) 단계로부터 세 번째(성숙) 단계로 옮기기 위해 역경을 이용하신다.

1단계: 편의 단계(편의점을 이용하듯 내가 필요할 때만 하나님을 찾는 단계)

이 단계에서 우리의 초점은 하나님이 우리를 위해 무엇을 해 주실 수 있는지에 맞춰지며, 그분의 은혜로 우리에게 부어 주시는 유익들에 주시한다. 하나님은 당신의 아들을 통해 당신과의 관계 속으로 들어가도록 우리를 부르신다. 우리는 직접적인 유익 곧 구원이 있기에 그리스도를 자신의 삶 속에 영접한다.

그리스도께 나아가는 모든 이들은 바로 이 단계에서 시작한다. 안타깝게도, 많은 이들이 이 단계 너머로 나아가지 않는다. 1단계 신앙의 문제점은, 하나님과의 친밀성이 제한적이라는 데 있다. 그분을 향한 우리의 헌신은 그분에게 순종하기가 편리한지의 여부에 따라 결정된다. 믿음의 수준이 약하고 단순한 것이다. 하나님은 우리와 그분과의 관계가 그런 원시적인 수준에 머무는 걸 원치 않으신다.

2단계: 위기 단계(도움을 요청하기 위해서라도 하나님을 찾는 단계)

당신은 "참호 기독교"라는 용어를 들어 본 적이 있을 것이다. 위기는 우리의 마음을 하나님께 집중시키는 그 무엇을 담고 있다. 2단계 믿음의 특징은 누구도 거기에 머물지 않는다는 점이다. 우리는 하나님과의 관계 속으로 더 깊이 들어가든지 아니면 돌아서야 한다. 불행하게도, 너무나 많은 사람들이 위기가 끝나자마자 예전 단계로 돌아간다. 역경의 교훈을 허비하는 건 얼마나 서글픈 일인가!

우리의 삶 속에 위기를 보내실 때, 하나님은 우리가 단지 그 문제에서 벗어나길 갈망하는 것이 아니라 그분을 갈망하길 원하신다. 시편 기자는 "너희는 내 얼굴을 찾으라 하실 때에 내가 마음으로 주께 말하되 여호와여 내가 주의 얼굴을 찾으리이다 하였나이다"(시 27:8)라고 노래했다.

하나님은 우리가 단지 그분의 손만을 찾기를 원치 않으신다. 그분은 우리가 당신의 얼굴을 찾길 원하신다. 곧 "주여 나를 도우소서"라는 태도를 원하시는 것이다. 또한 하나님은 우리가 당신과의 관계에 있어 더 멀리 더 깊이 나아가길 원하신다. 그것이 바로 다음 단계이다.

3단계: 확신 단계(어떤 상황에서도 선하신 하나님을 믿는 단계)

하나님은 우리가 당신과 더불어 친밀하고 순종적인 관계, 곧 사랑의 관계를 발전시키길 바라신다. 이 단계에서는, 우리가 더 이상 "주여, 나를 축복해 주세요"라거나 "주여, 나를 도와주소서"라는 태도를 갖지 않는다. 대신에, "주여, 나를 받으소서"라는 태도를 보인다. 이 단계에서는 신자의 심령이 온전히 할례를 받는다. 그는 겸손하고 순종적이다. 예전 것들은 제거되었다. 할례 받은 심령은 새롭게 달라진 마음이다.

욥은 "그가 나를 죽이실지라도 나는 그를 의뢰하리라"(욥 13:15, NKJV)고 말할 수 있었을 때 바로 이 확신 단계에 도달했다. 욥의 역경을 통해, 하나님은 우리의 삶 속에 이루고자 하시는 보다 깊은 일을 완수하셨다.

확신 단계에 도달할 때, 우리는 더 이상 구원이나 축복을 받는 데에만 집중하지 않는다. 이 단계에서는 천국 복음을 증거하는 삶을 시작한다. 예전과는 전혀 다르게 하나님을 경험한다. 그것은 종종 이적과 기도 응답을 동반하는 삶이다.

우리는 예수님처럼 행한다. 이는 하나님이 당신의 모든 자녀들에게 바라시는 모습이다. 요한은 "이로써 우리가 그의 안에 있는 줄을 아노라 그의 안에 산다고 하는 자는 그가 행하시는 대로 자기도 행할지니라"(요일 2:5-6)고 말했다.

성경의 주요 인물들은 한결같이 이 세 단계를 거쳤다. 이를테면, 베드로는 해변에서 예수님을 만난 후 그분을 따르기로 결심했다(1단계). 하지만, 그리스도를 부인하고서 신앙의 위기를 맞았을 때에야(2단계) 비로소 그는 예수님에 관한 자신의 진정한 믿음을 결정해야 했다. 그 위기의 때에, 사탄은 베드로를 밀 까부르듯이 하려 했으나 예수님은 베드로의 믿음이 떨어지지 않도록 기도하셨다. 그 기도가 베드로 하여금 위기 단계를 통과하여 확신 단계(3단계)에 이르게 했다. 그 단계에서 하나님은 천국 복음을 위해 베드로를 크게 들어 쓰셨다.

주기도문에서 예수님은 "나라가 임하오시며 뜻이 하늘에서 이루어진 것같이 땅에서도 이루어지이다"(마 6:10)라고 기도하셨다. 오늘날 그리스도인들은 하나님 나라보다는 그리스도인이 되는 것(거듭남)에 더 많이 집중한다. 하지만 복음서들을 주의 깊게 살펴보면, 예수께서 구원보다는 하나님 나라에 대해서 훨씬 더 많이 가르치셨음을 알 수 있다. 그렇다. 구원은 하나님 나라에 들어서게 하는 통로이지만, 예수님은 우리를 그 통로에서 멈추게 할 의도가 전혀 없으셨다. 그분은 우리가 하나님 나라로 들어서길 원하신다.

하나님의 신실하심을 드러내는 역경

역경을 겪기 전에는, 재정적인 실패에 직면한 사람들을 비판적으로 바라보았다. 나는 그들의 역경을 관리 미숙 탓으로 여겼다. 나는 경영자로서 나 자신을 자랑했으며, 스스로 잘해서 성공한 걸로 생각했다.

그러나 한 순간에 나의 재정 상태가 잿더미로 변했다. 나는 생계비를 조달하고 부채의 이자를 갚기 위해 개인퇴직적립금을 찾아 써야 했다. 동시에 나는 두 군데에 저당을 잡혔으며, 힘겹게 자녀 양육비와 전처의 생활비를 조달했다. 또한 더 이상 수익이 나지 않는 사업을 계속 운영해야만 했다. 나는 전혀 새로운 차원으로 하나님을 신뢰해야만 했다. 일단 내가 바닥으로 가라앉자, 하나님은 재정적인 면에서 당신의 신실하심을 보여 주기 시작하셨다.

여러 가지 사례들 가운데 하나만 소개하면 이렇다. 내가 군나르 올슨을 만난 직후에, 그는 남아프리카에서 열린 '1997 세계 복음화 대성회'에 나를 초대했다. 온 세계에 예수 그리스도의 복음을 전할 목적으로 140개국에서 4,000명의 그리스도인들이 모인 자리였다. 이 성회에서는 600명의 경제 지도자들을 위한 특별 집회도 마련되었다. 내 자비로 참석하기란 힘들었다. 만일 내가 참석하려면, 하나님이 여비를 마련해 주셔야 했다.

등록 마감일이 되었지만 나는 여전히 여행 경비를 마련하지 못했다. 내심 포기하고 있는데, 한 사람이 내 사무실로 들어와서 말했다. "그 집회에 참석할 계획이시죠? 2,500달러를 가지고 왔습니다. 여비로 쓰세요." 그는 자신의 예금 잔고에서 그 돈을 찾아 왔다. 나는 그의 아량과 하나님의 놀라우신 손길에 압도되었다.

나는 사실 놀랄 필요가 없었다. 그것은 하나님께서 분명히 약속하신 일이기 때문이다. 로마의 감옥에 갇힌 바울은 핍박 받는 빌립보 그리스도인들에게 이렇게 썼다. "나의 하나님이 그리스도 예수 안에서 영광

가운데 그 풍성한 대로 너희 모든 쓸 것을 채우시리라"(빌 4:19).

내가 혹독한 시련을 겪고 있던 어느 시점에, 하나님은 내게 성경 본문 하나를 제시하셨다. 마치 특별히 나를 위해 기록된 듯한 내용이었다.

주께서 너희에게 환난의 떡과 고생의 물을 주시나 네 스승은 다시 숨기지 아니하시리니 네 눈이 네 스승을 볼 것이며 너희가 오른쪽으로 치우치든지 왼쪽으로 치우치든지 네 뒤에서 말소리가 네 귀에 들려 이르기를 이것이 바른 길이니 너희는 이리로 가라 할 것이며 또 너희가 너희 조각한 우상에 입힌 은과 부어 만든 우상에 올린 금을 더럽게 하여 불결한 물건을 던짐 같이 던지며 이르기를 나가라 하리라 네가 땅에 뿌린 종자에 주께서 비를 주사 땅이 먹을 것을 내며 곡식이 풍성하고 기름지게 하실 것이며 그날에 네 가축이 광활한 목장에서 먹을 것이요(사 30:20-23).

만일 우리가 힘든 시기에 하나님을 신뢰하지 못한다면, 언제 또 다시 그분을 신뢰할 수 있겠는가? "여호와는 마음이 상한 자를 가까이하시고 충심으로 통회하는 자를 구원하시는도다"(시 34:18)라고 시편 기자는 노래했다. 지금 당신이 어떤 상황에 직면해 있든지, 하나님은 당신에게 닥치는 일을 다 알고 계신다. 그리고 당신은 그분의 신실하심을 의지할 수 있다.

거룩성을 낳는 역경

전처와 별거한 이후 약 6주 동안, 나는 당시 12세인 내 딸과도 멀어졌다. 내 아내가 나를 거부한 사실은 받아들일 수 있었다. 하지만 왜 딸마저 나를 거부했을까? 혼란스러운 고통 속에서 나는 하나님이 어떻게든 이 상황을 바로잡아 주시리라고 믿어야 했다.

어느 날, 나는 두 친구들에게 나의 고통을 토로했다. 그런데 그들의 반응이 나를 놀라게 했다.

"오스," 그들 중 하나가 말했다. "난 자네가 이 상황을 하나님께로부터 비롯된 걸로 받아들였다고 봐. 그러나 금욕적으로 수용하는 태도는 하나님이 바라시는 게 아닐세. 그분은 자네가 이 시련 속에서 기뻐하길 바라신다네."

"기뻐하라고?" 내가 말을 받았다. "내 결혼 생활이 끝장났고 내 딸마저 내게서 등을 돌리고 있어. 그런데 기뻐하라고? 지금으로서는 금욕적인 인내가 내가 할 수 있는 최선책이야."

"그게 문제일세" 하고 다른 친구가 말했다. "자네는 생존주의자의 태도를 지니고 있어. 그러나 만일 자네가 이 모든 일을 행하실 권한이 하나님께 있음을 믿지 않는다면 그리고 이 역경을 기쁨으로 받아들이지 않는다면, 자네는 시련이 시작되기 이전의 방식으로 되돌아갈 걸세."

그들의 어조는 단호했고, 내 심령은 거부감을 느꼈다. 하지만 친구들의 말을 곰곰이 생각하면서, 나는 그들이 옳다는 걸 깨달았다. 나는 시련을 견디고 있었고 심지어 나름대로 성격을 형성해 가고 있었다. 그러나 내게는 기쁨이 전혀 없었다. 나는 그들이 말한 모습 그대로였다. 살아남기만 하면 된다는 식의 생존주의자였던 것이다. 나는 역경을 억지로 인내하고 있을 뿐이었다.

야고보서 1장 2절에 이르기를, 여러 가지 시련을 당할 때마다 온전히 기쁘게 여기라고 한다. 그러나 나는 전혀 기쁘지 않았다. 나는 단지 시련을 끈질기게 견뎌 내고만 있었다.

"그러면 내가 어떻게 해야 하지?" 나는 두 친구들에게 물었다.

그들의 대답은 이랬다. "자네의 삶 속에서 하나님이 행하고자 하시는 일을 자유로이 하시도록 그분께 맡겨 드릴 필요가 있어. 자네는 지금도 여전히 무엇인가를 하나님께로부터 얻을 자격이 있다고 생각하겠지만, 사실은 그렇지 않아. 자네는 하나님의 주권을 침해하고 있어."

이것은 나의 요셉 구덩이 경험에서 맞은 전환점이었다.

초대 교회에서, 신자들은 하나님이 무엇이든 원하는 대로 하실 수 있다고 생각했다. 그들은 그분의 이름으로 고난 당하는 것을 특권으로 여겼다. 하지만 나는 고난을 부당한 징벌로 보았다. 말하자면 나는 미국 기독교를 멍들게 하는 태도를 지녔다. 즉, 나는 원래의 하나님이 아니라 내가 원하는 하나님을 찾고 있었던 것이다.

그 힘든 소외 기간 동안, 나는 한나 허나드의 우화 『나의 발을 사슴과 같이 하사』를 읽었다. 이 책에서, 저자는 '심한 두려움'이라는 한 여성의 여정을 연대순으로 기록한다. 그녀는 사랑의 산을 올라가라는 '목자'의 부르심을 받는다. 길고도 힘든 그 여정의 동반자들은 '슬픔'과 '고난'이다. '심한 두려움'의 친척들, 곧 '소심한 두려움', '불길한 예감', '악의', '음울', '근심', '교만', '비통함과 분개,' 그리고 '자기 연민' 등은 그녀가 여정에 나서지 말고 그들을 위로해 주길 바란다. 하지만 목자는 그녀가 그들과 작별하고서 사랑의 산에 올라야 한다고 말씀하신다.

'심한 두려움'은 손으로 얼굴을 가리고서, 예전에 느껴 본 적 없는 공포와 두려움에 싸인 채 바위 위에 털썩 주저앉았다. 그때 동료 둘이 그녀의 손을 잡고서 이렇게 말했다. "두려워하지 마. 여기가 막다른 곳이 아니니 우린 되돌아갈 필요가 없을 거야. 정상으로 향하는 길이 있어. 수사슴과 암사슴이 그 길을 또렷하게 알려 줬어. 우리도 그 길을 따라 올라갈 수 있을 거야."

"오, 안돼, 안돼!" '심한 두려움'은 비명에 가까운 소리를 질렀다. "그 길을 따라가는 건 불가능해. 사슴이라면 그리로 올라갈 수도 있겠지만, 사람은 안돼."[1)]

우화의 결론부에서 '심한 두려움'은 산꼭대기에 도달한다. 거기서 목자는 그녀의 발을 암사슴의 발로 변화시킨다. 이제는 그녀가 다른 사람들을 위한 등반로를 발자국으로 표시할 수 있게 된 것이다. 암사슴의 발이라는 이미지는 하박국 3장 19절에서 따온 것이다. "주 여호와는 나의 힘이시라 나의 발을 사슴과 같게 하사 나를 나의 높은 곳에 다니게 하시리로다."

또한 목자는 그녀에게 '은혜와 영광' 이라는 새 이름을 지어 준다. 그러고 나서는 무엇을 배웠는지를 그녀에게 묻는다. '은혜와 영광' 은 다음과 같은 교훈들을 배웠다고 대답한다. 첫째, 시련이 닥칠 때 그것을 기쁨으로 받아들여야 한다는 점. 둘째, 학대 당할 때에도 악감정을 갖지 않고 용서함으로써, 목자로 하여금 악으로써 선을 이루실 수 있게 해야 한다는 점. 셋째, 목자는 그녀의 현재 모습, 곧 절룩거리고, 나약하며, 또한 비겁한 모습을 보는 대신 산꼭대기에 도착한 그녀의 모습을 보셨다는 점. 넷째, 그녀가 순종의 반응을 보이기만 하면, 아무리 비극적인 일이라도 모두 아름답게 변화되리라는 점.

목자는 그녀가 잘 배웠다고 말한다. 배운 교훈들로 인하여 이제 그녀는 절름발이 '심한 두려움' 으로부터 '은혜와 영광' 으로, 곧 암사슴의 발로 산꼭대기들을 뛰어다니는 존재로 변했다. 목자는 이르기를, 만일 그녀가 사랑의 법에 순종하면 그 무엇도 그녀의 암사슴 발을 절뚝거리게 하거나 그녀를 목자로부터 분리시키지 못하리라고 하신다. 그는 이것이 바로 고지(High Places)의 비밀이라고 말한다. 온 우주의 자애롭고도 완벽한 법이 이것이다.

몇 주 후에, 한 친구와 나는 지난 몇 달 동안 내 삶 속에서 일어났던 사건들에 대해 얘기하고 있었다. "오스," 그가 말했다. "왜 자네가 이런 일을 당해야 하는지 나로서는 이해할 수가 없어. 자네가 겪고 있는 역경들 속에서 긍정적인 면들을 나는 찾을 수 없어."

잠시 생각한 후에, 내가 말했다. "나는 내 역경 속에서 많은 축복들을 볼 수 있어. 몇 가지를 나열해 볼게. 첫째, 나의 재정적인 손실은 그분의 자애로우신 질책이지. 불안과 두려움의 요새들 때문에 나는 돈을 우상으로(다시 말해, 안전책으로) 섬겨 왔지. 하나님은 나를 사랑하셔서 나를 교정시키고 다시금 당신께로 끌어당기셨어.

둘째, 하나님은 다른 사람들을 돕는 사역을 준비시키기 위해 역경을 이용하고 계셔. 하나님은 복합적인 전략가이시지. 한 가지 사건으로써 다양한 목표들을 실현하실 수 있어. 그는 단지 나의 유익을 위해서만이 아니라 다른 이들을 돕기 위해서도 나의 역경을 이용하실 거야.

셋째, 하나님은 사업가들을 향한 사역을 위해 나를 준비시키고 계셔. 사업이나 결혼 생활과 관련하여 문제에 직면한 사람들을 나는 이미 많이 만났어. 내가 이들을 만났던 건 결코 우연이 아니야. 나는 하나님이 그들로 하여금 더욱 그리스도를 닮도록 하기 위해 그들 자신의 불완전성을 이용하셨음을 깨닫도록 그들을 도울 수 있었어. 또한 나는 (그들이 자신의 공로로 여기는 성공을 포함한) 모든 축복의 근원이 바로 하나님이심을 깨닫도록 그들을 도왔다네."

경제계를 둘러보면, 하나님 나라라고 하는 약속의 땅에 아직 이르지 못한 그리스도인 사업가들이 많다. 아직도 그들은 탐욕과 쾌락의 신들을 섬기며 애굽에서 살고 있다. 그들은 일터에서 그리스도를 반영하길 원하지만, 애굽 문화의 가치관으로 인해 눈이 멀었다. 그들은 자신의 사업을 하나님의 것으로 보지 않고 자신의 것으로만 여긴다. 나는 그들을 비난하지 않는다. 나도 한때 그런 식이었다.

  지금은, 사도 바울처럼 나도 "비천에 처할 줄도 알고 풍부에 처할 줄도 알아"(빌 4:12)라고 말할 수 있다. 하지만 바울이 이 글을 싸늘하고 더러운 감옥에서 썼다는 사실을 생각하면 나는 절로 겸허해진다. 나도 역경을 거쳐 왔지만, 바울의 역경에 비하면 100분의 1에도 미치지 못한다. 그리고 십자가에서 나의 죄를 지신 예수님의 역경에 비하면 100만분의 1에도 미치지 못한다. 따라서 하나님이 원하시는 사람으로 만들기 위해 내게 허용하신 약간의 고난은 짐이 아니라 축복이다.

깊은 영성을 위한 질문들

01. 시련을 통과하고 있는 누군가를 돕기 위해 하나님이 당신을 사용하신 적이 있는가? 그런 경험이 역경을 보는 당신의 시각을 변화시켰는가?

02. 그리스도인으로서 당신은 현재, 1단계: 편의 단계("주여, 나를 축복해 주세요!"), 2단계: 위기 단계("주여, 나를 도와주소서!"), 3단계: 확신 단계("주여, 나를 받으소서!") 중 어디에 속하는가?

03. 당신이 3단계로 나아가기 위해 필요한 삶의 변화는 어떤 것인가?

04. 하나님과의 관계 속에서, 당신은 그분의 손길을 찾고 있는가, 아니면 그분의 얼굴을 찾고 있는가?

05. 하나님이 당신의 역경을 통해 가져다 주신 세 가지 축복들은 무엇인가? 만일 아무것도 생각나지 않는다면, 하나님이 당신에게 그 축복들을 계시해 주시도록 기도하라.

13
실패 정면돌파

뒤에 있는 것은 잊어버리고 앞에 있는 것을 잡으려고 푯대를 향하여
그리스도 예수 안에서 하나님이 위에서 부르신 부름의 상을 위하여 달려가노라
빌립보서 3:13-14

16세 때 나는 미국 주니어 선수권은 물론이고 우리 주에서 열리는 각종 선수권 대회에도 참가했다. 당시 내 삶의 목표는 프로 골프 선수가 되는 것이었다.

어느 주 선수권 대회에 참가했을 때였다. 나는 당연히 우승을 예상했다. 처음에는 경기를 잘 진행했는데, 마지막 라운드에서 실수하는 바람에 그만 우승에서 멀어지고 말았다.

집에 가자마자 나는 어머니 앞에 털썩 주저앉았다. 어머니는 여느 어머니가 그러하듯 나를 위로했다. 하지만 나에게 정말 필요했던 건 어머니의 부드러운 위로가 아니었다는 걸 지금에서야 깨닫는다. 나의 자기연민을 몰아내고서 "어떤 선수나 실패를 경험해! 실패로부터 교훈을 배

우고 계속 나아가라!"고 말해 줄 고집 센 코치가 필요했던 것이다.

그런 지도를 받지 못했기 때문에, 나는 경쟁적인 스포츠에서 경기 중 과도한 흥분과 긴장에 사로잡히는 것이 흔한 고통임을 알지 못했다. 뿐만 아니라 그것을 극복할 수 있다는 것도 몰랐다. 한 번 실패했다고 해서 나는 자신을 구제불능의 실패자로 보았다.

나는 다른 대회들에도 참석했다. 하지만 대개 처음에는 앞서 나가다가 차차 압박감이 커지면 실수를 범하곤 했다. 나의 자존감은 성적에 따라 좌우되었다. 그럼에도 다행히 나는 계속해서 장학금을 탔고 3년 동안 어느 클럽 소속의 프로 골퍼가 되었다. 그러나 골퍼로서의 나의 잠재력은 온전히 발휘되지 않았다.

몇 년 후에, 나는 긴장을 풀고 느슨해지는 법을 배웠다. 그리고 지역의 클럽 선수권 대회에서 우승했다. 만일 내가 그 교훈을 좀더 일찍 배웠더라면, 훨씬 더 우수한 골퍼가 되었을지도 모른다.

실패는 상처를 준다. 결혼에서든, 사업에서든, 골프에서든, 실패는 자존감을 훼손한다. 그러나 실패했다고 해서 인생이 끝나는 건 아니다. 그것은 단지 하나님이 성공을 제조하기 위해 사용하시는 원재료들 가운데 하나일 뿐이다.

실패의 교훈을 배우라

윈스턴 처칠은 "성공은, 열정을 잃지 않고 거듭 실패를 극복해 나가는 것"이라고 했다. 누구나 실패한다. 그것은 우리를 성숙과 성공으로 이끄는 과정의 일부일 뿐이다. 성공적인 기업가들은 대부분 여러 가지 실패를 겪었지만, 자신의 실패를 패배로 여기지 않고 오히려 교훈으로 여겼다.

하나님은 당신의 계획을 실현하기 위해 깨뜨려진 것들과 깨뜨려진 사람들을 이용하신다. 다윗이 이스라엘 왕으로 기름 부음 받았을 때, 그는 이새의 아들 가운데 막내인 소년이었다. 사울 왕은 하나님의 기름 부으심을 이미 상실했고, 자신의 왕위가 다윗에게 돌아갈 것을 알고 있었다. 두려움과 시기심에 휩싸인 사울은 다윗을 죽이려 했다.

사울 왕을 피해 다니면서, 다윗은 '이스라엘의 차기 왕인 내가 왜 도망자의 삶을 살고 있을까?' 하고 의아해 했을 것이다. 그는 쫓기는 사람이었다. 그의 인생은 실패로 끝날 것 같았다. 그때 흥미로운 일이 일어났다. 다른 "실패자들"이 다윗에게로 몰려들기 시작한 것이다.

성경은 "환난 당한 모든 자와 빚진 모든 자와 마음이 원통한 자가 다 그에게로 모였고 그는 그들의 우두머리가 되었"다(삼상 22:2)고 전한다. 다윗은 초라한 실패자 무리의 리더가 되었다. 그들은 혼란스러운 삶을 살았고 재정적인 실패를 경험한 자들이었다. 그들은 다윗의 강력한 군대가 되었다. 하지만 그들이 강력했던 건 성공을 거두었기 때문이 아니라 그들의 배후에 하나님이 계셨기 때문이다. 여호와께서 실패자 무리를 강한 용사들로 변화시키셨다(대상 11:10; 28:1 참조).

실패를 통해 배울 수 있는 모든 것을 배우라. 『삼갈의 비밀, 그 세 가지 성공』에서, 팻 윌리엄스는 이렇게 설명한다. "우리의 경험이 모두 승리와 성공으로 장식될 수는 없다. 만일 우리가 실패의 교훈을 기꺼이 배우려고만 한다면, 대체로 실패는 성공보다 훨씬 더 나은 교사가 된다."

두려움 때문에 물러서지 말라

우리는 실패를 결격 사유로 간주한다. 그러나 하나님은 실패를 성공을 위한 준비로 보신다. 우리는 실패를 세상의 눈으로 보길 중단하고 하나님의 관점으로 보도록 해야 한다.

하나님은 결코 과거에 연연하지 않는다. 그분은 부단히 활동하고, 창조하시며, 또한 쇄신하신다. "보라 내가 새 일을 행하리니 이제 나타낼 것이라 너희가 그것을 알지 못하겠느냐 반드시 내가 광야에 길을 사막에 강을 내리니"(사 43:19). 누군가가 "당신의 기억이 꿈보다 더 클 때, 당신은 무덤을 향하게 된다"라고 했다. 하나님은 과거에 우리에게 일어났던 그 어떤 일들보다 더 큰 새 꿈을 우리에게 주고자 하신다.

하나님은 우리의 삶을 위한 당신의 목적을 날마다 새롭게 계시하신다. 우리는 그분께 귀 기울이고 있는가? 하나님은 우리가 흥분과 열정을 가지고서 당신의 이름으로 큰일들을 도모하길 원하신다. 그분은 우리의 옛 황무지를 생명수 시내가 흐르는 푸른 에덴으로 변화시키길 원하신다. 과연 우리는 하나님이 예비하신 새 것을 받아들일 준비가 되어 있는가?

내가 앤지를 만났을 때, 우리는 불과 몇 달간의 데이트 기간을 지나 결혼에 관해 진지하게 의논하기 시작했다. 이미 나는 14년간의 힘든 결혼 생활 끝에 고통스런 이혼을 경험한 터였다. 다행히도 그 이후 몇 년간의 치유 기간을 거치는 동안 하나님은 신뢰의 힘을 회복시켜 주셨다. 하나님을 의지하는 마음이 실패의 두려움을 압도했다. 하나님은 내게 성공적인 결혼 생활을 위한 두 번째 기회를 주셨다. 내 삶에서 앤지는 하나님의 은혜의 선물이다.

하지만 8년 간의 결혼 생활 후에, 앤지와 나의 사랑이 시들해졌다. 우리의 관계에 금이 갔을까? 아마도 그렇다고 생각할 것이다. 하지만 앤지와 나는 하나님을 의지하는 가운데 문제를 해결해 나갔고, 새로운 도전을 맞아 더욱 친밀해졌다. 실패의 두려움에 사로잡혀 삶의 기쁨을 잃는 과오를 범하지 않은 것이 나로서는 정말이지 기쁘다.

실패를 당한 후에는 또 다른 위기에 직면할까봐 두려워하기 쉽다. 그러나 두려움이 핑계일 수는 없다. 하나님은 두려움에도 불구하고 우리가 그분의 계획에 따라오길 기대하신다. 시편 기자는 이렇게 노래한다.

> 내가 산을 향하여 눈을 들리라 나의 도움이 어디서 올까 나의 도움은 천지를 지으신 여호와에게서로다 여호와께서 너를 실족하지 아니하게 하시며 너를 지키시는 이가 졸지 아니하시리로다 (시 121:1-3).

과거의 실패로부터 배운 열세 가지 교훈

01. 실패를 겪는다고 해서 반드시 실패로 끝나는 건 아니다. 실패는 단지 성공으로 이끄는 진전 과정의 한 단계일 뿐이다.

02. 실패를 겪으면 다른 방법으로는 발견할 수 없는 나의 힘과 연약성을 깨닫게 된다.

03. 실패는 한때 내가 생각했던 것과 같은 비극이 아니다. 실패는 정상적인 삶의 일부분이다.

04. 과거의 실패를 올바른 자세로 바라보면, 성공적인 미래를 세우기 위해 적용할 수 있는 지혜를 얻는다.

05. 실패는 다른 실패자들을 받아들이도록 그리고 그들의 힘든 싸움에 공감하도록 가르친다.

06. 성공적인 사람들 중 대부분은 과거에 실패를 경험했다. 그들은 실패의 경험을 성공에 이르는 징검다리로 활용했다.

07. 나는 실패의 두려움으로 인해 큰일을 시도하지 못하는 폐단에 빠지지 않는 법을 배웠다.

08. 나는 하나님이 신실하시며 나의 필요를 공급하실 것임을 발견했다.

09. 나는 모험을 피하고 안전만을 도모하는 것이 실패를 위한 확실한 처방임을 배웠다.

10. 실패 경험을 통해, 나는 그런 경험 없이는 결코 만나지 못했을 사람들과 더불어 좋은 관계를 맺고 있다.

11. 실패를 통해, 나는 수줍음과 내성적인 성격을 극복하는 법을 배웠다. 실패의 호된 시련을 통과한 까닭에 현재 나는 유명한 강연자가 되었다.

12. 과거의 실패 덕분에, 지금 내게는 성공적인 결혼 관계가 어떠한지를 보여 주는 아내가 있다.

13. 실패함으로써 나는 나의 약함을 통해 하나님의 능력이 온전해짐을 배웠다. 하나님은 당신의 목적을 위해 이런 식으로 나를 활용하실 수 있다.

두려움에 맞서는 우리의 무기

하나님은 우리가 두려움 속에서 사는 걸 원치 않으신다. "하나님이 우리에게 주신 것은 두려워하는 마음이 아니요 오직 능력과 사랑과 절제하는 마음"이다(딤후 1:7). 또한 바울은 "너희는 다시 무서워하는 종의 영을 받지 아니하고 양자의 영을 받았으므로 우리가 아빠 아버지라 부르짖느니라"(롬 8:15)고 했다.

하나님의 부르심에 합당한 리더가 되기 위해서는, 두려움을 정복하고 온전히 제거해야 한다. 이것은 영적 전투이며, 영적인 무기로써만 승리할 수 있는 싸움이다. 우리는 우리의 이해를 넘어서는 평안으로 두려움을 대체해야 한다. 예수님은 제자들에게, "이것을 너희에게 이르는 것은 너희로 내 안에서 평안을 누리게 하려 함이라 세상에서는 너희가 환난을 당하나 담대하라 내가 세상을 이기었노라"(요16:33)고 하셨다.

주께서 말씀하시는 이 평안은 무엇일까? 『영적 전투의 세 영역』에서, 내 친구 프랜시스 프랜지팬은 다음과 같이 말한다.

> 우리의 평안은 극도의 '무관심'으로부터 비롯되거나 문제를 의식하지 못할 정도로 '영적인' 모습에서 나오는 것이 아니다. 그것은 하나님의 사랑을 확신함에 따라 전투나 여러 가지 힘든 상황들에도 불구하고 "너희 안에 계신 이가 세상에 있는 자보다 크심"(요일 4:4 참조)을 알게 되는 상태이다. 스스로에 대한 확신이 아니라 하나님께 대한 확신인 것이다.[1]

두려움을 극복하고 하나님 나라를 위해 큰일을 시도하기 위해 우리에게 필요한 확신은 바로 이런 것이다. 실패의 두려움을 떨쳐 버리기 위해 우리가 필요로 하는 평안이 바로 이런 것이다. 핍박 받던 그리스도인들에게 사도 바울이 말했듯이, "평강의 하나님께서 속히 사탄을 너희 발 아래에서 상하게" 하실 것이다(롬 16:20). 평강의 하나님은 우리의 왕이시다.

하나님의 평강은 온갖 두려움이나 사탄에 대항하는 우리의 무기이다. 십자가로 나아가기 전에, 예수님은 제자들에게 "평안을 너희에게 끼치노니 곧 나의 평안을 너희에게 주노라 내가 너희에게 주는 것은 세상이 주는 것과 같지 아니하니라 너희는 마음에 근심하지도 말고 두려워하지도 말라"(요 14:27)고 하셨다.

마가복음 4장에서, 우리는 고깃배를 타고 호수를 건너시는 예수님과 제자들에 관한 이야기를 읽는다. 호수를 건너던 도중에 예수께서 잠드셨다. 그런데 그때 폭풍이 일어났다. 파도가 배를 때리고 배 안에 물이 가득 들이찼다. 제자들은 목숨을 잃을까봐 두려웠으나 예수님은 계속 주무시기만 했다. 마침내, 제자들이 주님을 깨워 소리쳤다. "선생님이여 우리가 죽게 된 것을 돌보지 아니하시나이까"(38절).

예수님은 일어나 바다더러 "잠잠하라"고 명하셨다. 그러자 곧바로 바람이 그치고 바다는 잔잔해졌다.

예수께서 바람과 바다에게 "잠잠하라'고 명하신 것은 두려움에 떠는 제자들에게도 하신 말씀이었다고 나는 생각한다. 또한 그분은 두려워하는 우리에게도 그렇게 말씀하신다. 생의 폭풍에 시달리는 우리에게 예수님은 이렇게 말씀하신다. "잠잠하라. 어찌하여 그렇게 두려워하느냐? 어찌하여 내 나라를 위해 모든 위험을 감수하려는 믿음이 없느냐? 생의 폭풍 속에서 왜 나를 신뢰하지 않느냐?"

첫 부활절 저녁, 제자들은 예루살렘의 한 집에 모였다. 주님을 십자가에 못 박은 종교 지도자들이 잡으러 올까 두려워했던 그들은 문을 꽁꽁 걸어 잠갔다. 제자들은 두려움과 수치로 가득했다. 그들은 주님께서 위기에 처했을 때 그분을 저버렸었다.

그것이 그들의 요셉 구덩이였다. 예수님의 나라에서 그분과 함께 다스리려던 꿈은 주님과 함께 십자가에 못 박혔다. 언뜻 사탄이 승리한 듯이 보였다. 후회와 절망의 블랙홀 외에는 아무것도 남지 않은 듯했다.

그때, 어둠 속에서 예수께서 나타나셨다. 그분은 두려움으로 굳게 잠긴 문을 통과하여 그들 앞에 서셨다. 그분이 제자들에게 하신 첫 번째 말씀은 바로 "평강이 있을지어다"였다.

평강!
그들에게는 하나님의 평강이 너무나 절실했다. "평강"이라는 예수님의 말씀을 듣는 순간, 그들의 두려움이 사라졌다. 그리스도께서 못 박힌 손과 옆구리를 보여 주시자 그들은 기쁨으로 가득해졌다.

예수님은 한 번 더 그들에게 "너희에게 평강이 있을지어다 아버지께서 나를 보내신 것같이 나도 너희를 보내노라"(요 20:21)고 말씀하셨다. 그리고 나서 저희를 향해 숨을 내쉬며 "성령을 받으라"(22절)고 하셨다.

첫 부활절에 상심한 제자들에게 하신 그 일을 예수님은 오늘날 우리에게도 행하신다. 당신의 평강으로 우리를 무장시켜 세상 속으로 보내신다. 무엇보다도 중요한 건, 그분이 성령을 우리에게 부어 주신다는 사실이다.

우리의 삶 속에 열매를 맺게 하는 분은 성령이시다. 사도 바울이 설명하듯이, "오직 성령의 열매는 사랑과 희락과 화평과 오래 참음과 자비와 양선과 충성과 온유와 절제니 이 같은 것을 금지할 법이" 없다(갈 5:22-23). 나는 이 구절에 열거된 성령의 열매가 우리의 삶 속에서 연속적으로 나타난다고 믿는다. 그것은 사랑, 곧 하나님과 다른 사람들에 대한 사랑에서 시작된다. 우리가 사랑할 때 기쁨을 경험한다. 그 기쁨은 더 큰 화평을 낳고, 화평은 오래 참음과 자비와 양선과 충성과 온유와 절제를 낳는다.

우리가 소란스럽고 혼란한 때에도 하나님의 평강을 경험할 수 있도록, (실패의 두려움을 포함한) 두려움을 극복할 수 있는 방법은 무엇일까? 사도 바울은 이렇게 설명한다.

아무것도 염려하지 말고 다만 모든 일에 기도와 간구로, 너희 구할 것을
감사함으로 하나님께 아뢰라 그리하면 모든 지각에 뛰어난 하나님의

평강이 그리스도 예수 안에서 너희 마음과 생각을 지키시리라 끝으로 형제들아 무엇에든지 참되며 무엇에든지 경건하며 무엇에든지 옳으며 무엇에든지 정결하며 무엇에든지 사랑 받을 만하며 무엇에든지 칭찬 받을 만하며 무슨 덕이 있든지 무슨 기림이 있든지 이것들을 생각하라 너희는 내게 배우고 받고 듣고 본 바를 행하라 그리하면 평강의 하나님이 너희와 함께 계시리라(빌 4:6-9).

만일 평강을 얻고 싶다면, 하나님께 아뢰며 또한 하나님께 감사해야 한다. 그런데 이 말은 무슨 뜻인가? "하나님, 내 결혼 생활에 문제가 생기게 해 주셔서 감사합니다", "하나님, 암에 걸리게 해 주셔서 감사합니다", 혹은 "하나님, 파산하게 해 주셔서 감사합니다"라고 말해야 한다는 것일까?

바울이 말하는 건 그런 뜻이 아니다. 우리가 하나님께 감사드리는 건 그분이 하나님이시기 때문이라고 나는 믿는다. 우리는 하나님이 전능하시며, 사랑이 많으시며, 우리의 역경 가운데 함께하시고, 우리의 고통 속에 가까이 계시며, 당신의 아들을 통하여 우리와 하나가 되시고, 또한 우리의 모든 상황을 통제하심을 인하여 감사드려야 한다.

우리는 고통 속에서도 평안할 수 있다. 역경 속에서도 평안할 수 있다. 실패 속에서도 평안할 수 있다. 왜냐하면 평강의 하나님이 평강의 왕을 보내어 우리의 주이며 구주이자 본보기가 되도록 하셨기 때문이다.

겟세마네 동산에서, 십자가 위에서, 예수님은 그 어떤 사람이 당했던 것보다 더 심한 고통을 감당하셨다. 그분 앞에 닥친 공포가 너무나 심했던 까닭에 그는 피땀마저 흘리셨다. 하지만 주님은 초자연적인 평안을 경험하셨기에 "내 원대로 마시옵고 아버지의 원대로 되기를 원하나이다"(눅 22:42)라는 말씀으로 십자가의 공포에 맞설 수 있으셨다.

이 평강을 오늘날 우리도 얻을 수 있다. 우리가 과거에 아무리 실패했을지라도, 평강의 하나님은 우리를 성공으로 이끌어 가신다. 사탄이 우리를 공포에 빠트리려 하지만, 하나님은 사탄의 무기를 부수시고 자유와 담대한 모험으로 우리를 부르신다.

하나님의 평강은 두려움을 물리치게 하는 궁극적 무기이다.

깊은 영성을 위한 질문들

01. 당신이 실패를 경험했던 때를 생각해 보라. 당신은 그때 어떤 반응을 보였는가?

02. 과거의 실패를 통해 배운 교훈을 세 가지 이상 나열해 보라. 장래에 할 일을 결정하기 위해 과거의 성공과 실패 중 어느 것에 의존하는가?

03. 이번 장을 읽기 전, 당신이 실패에 대해 가졌던 그릇된 개념을 하나 이상 묘사해 보라. 실패에 관해 이 장에서 배운 가장 실천적이거나 유용한 사실은 무엇인가?

04. 당신의 가장 큰 두려움은 무엇인가? 두려움이 당신의 삶을 어떻게 방해했는가? 당신의 두려움을 해결하고 없애기 위해 취할 수 있는 실제적인 단계들은 무엇인가?

05. 하나님의 평강을 경험하는가? 만일 그렇지 않다면, 당신을 훼방하는 것은 무엇인가?

14
요셉 소명 완수

이러므로 우리도 항상 너희를 위하여 기도함은
우리 하나님이 너희를 그 부르심에 합당한 자로 여기시고
모든 선을 기뻐함과 믿음의 역사를 능력으로 이루게 하시고
데살로니가후서 1:11

1997년의 세계 복음화 대성회에 참석하기 위해 비행기를 타고 가던 중에, 나는 바로 앞줄에 앉은 두 사람의 얘기를 어쩌다 듣게 되었다. 그들 역시 그 집회에 참석할 사람들이었다. 나는 그들에게 인사했다. 그들 중 하나는 덴버 출신의 사업가인 모리스 루딕이었다.

모리스는 저자요 목회자요 퇴역 해병 대원이었으며 또한 하나님을 섬기면서 인간의 필요도 충족시키고자 복음 사역과 사업을 결합시키려는 사명감을 품은 사업가였다. 그는 이스라엘에 거주하는 신자들과 핍박이나 정치적 격변 혹은 자연 재해가 있는 지역들에 거주하는 기독교 신자들을 지원하는 일에 특별한 관심을 가졌다.

모리스 자신의 여정도 극심한 역경과 고통스런 상실의 과정이었다.

1996년 말경에, 30세인 그의 딸이 살해 당했다. 심한 정신적 충격을 주었던 그 사건을 계기로 모리스는 자신의 삶을 재점검하게 되었다. 딸의 죽음은 "구원 경험에 이어 두 번째로 근본적 변화를 내 속에 야기했다"고 그는 말한다.

또한 모리스는 사업상으로도 일련의 위기들을 겪었다. 컨설팅 사업을 시작하면서 주의 인도하심을 강하게 느낀 모리스는, 단기간에 포춘(Fortune)지(誌) 선정 500대 기업들과 사역 단체들을 고객으로 확보했다. 그의 컨설팅 사업은 급속도로 성장했으며, 털사와 휴스턴, 시카고, 뉴욕 등지에 사무실을 열었다. 그러나 예고도 없이 컨설팅 시장이 메마르기 시작했다. 그는 사무실들을 닫고, 직원들을 줄였으며, 급기야 회사를 폐쇄해야 했다.

모리스는 어째서 하나님이 자신의 회사로 하여금 급속하게 성장했다가 갑자기 문을 닫게 하셨는지를 의아해 했다. 그는 그 회사를 하나님께 바쳤고, 많은 사람들에게 축복과 유익을 주는 사업체로 키우려는 비전을 품고 있었다. 그러던 어느 날 아침, 회사를 잃어 슬퍼하며 기도하던 중에 모리스는 하나님이 다음과 같이 말씀하시는 것을 느꼈다. "모리스, 내가 그 회사를 허락한 목적은 네 속에서 내가 이루려던 일을 위해서이니라." 그것은 엄청난 계시였다. 하나님은 그가 하는 일보다 그가 어떤 사람인지에 훨씬 더 관심이 많으셨던 것이다!

모리스는 자산 규모 10억 달러의 회사에 선임 부사장으로 들어갔다. 그는 그 사업체를 하나님께 돌리려는 비전을 품었다. 그러는 한편으로,

말 그대로 그것을 사탄에게 돌리려는 자들도 있었다. 그들은 마치 마녀단 같았고, 회사를 권력의 보좌로 여겼다. 『하나님의 경륜, 이스라엘 그리고 연합God's Economy, Israel and the Nations』이라는 책에서 모리스는 다음과 같이 회상했다. "주님과 동행하는 삶을 위해 나는 기도의 전사로서 강력한 기름 부음을 받았다. 하지만 영적 반격도 거세어져 점점 나를 궁지에 몰아넣기 시작했다."[1]

이런 영적 반대에도 불구하고, 모리스는 직장에서 증인이 되도록 그리스도인들을 독려하는 일에 인내심을 발휘했다. 그는 이사장 사무실에서 성경 공부와 기도 모임을 인도했다. 하지만 그 회사에서 하나님이 큰일을 행하시기 시작함을 막 목격할 때에 그는 해고 당했다.

모리스는 자신의 삶을 향한 하나님의 뜻을 찾는 데 많은 시간을 들였다. 그는 혼란스러웠다. 모리스는 하나님이 강력하게 역사하시는 듯했으나 결국 모든 게 와해되는 상황을 두 차례나 경험했다. 첫 번째는 그가 설립한 회사에서였고, 그 다음은 그가 고용된 회사에서였다. 이처럼 줄곧 출발점에서 다시 시작해야 한다면 어떻게 하나님을 위해 효과적으로 일할 수 있겠는가?

마침내, 모리스는 주께서 그로서는 결코 상상하지 못한 계획을 가지고 계심을 깨달았다. 그는 요셉이나 다니엘의 사역과 같은 일이 그에게 맡겨지리라는 하나님의 말씀을 느꼈다. 이 구약 인물들은 세상에서 중요한 역할을 감당하기 위한 준비 과정으로서 큰 역경을 통과해야만 했다. 하나님은 당신의 나라를 진전시키기 위해 요셉을 애굽 지도자의 자리에 올리셨다. 동일한 목적을 위해 다니엘을 바벨론 지도자의 자리에 올리셨다. 또한 하나님은 당신의 나라를 진전시키기 위해 모리스 루딕을 21세기 경제계의 지도적인 위치로 올리셨다.

오늘날, 모리스 루딕은 '전략적 세계 중보 네트워크'를 관장하고 있다. 이 네트워크는 사업과 기독교 사역을 결합시키는 프로젝트에 관여하면서 기도하도록 중보자, 목회자, 사역 지도자, 지도적인 사업가 등을 격려하는 인터넷 사역이다. 또한 그는 점증하는 반유대주의 세력에 대항하여 이스라엘 민족을 옹호하도록 복음주의 교회를 독려하는 일도 하고 있다. 국제적인 컨설팅 회사인 '루딕 인터내셔널 그룹'을 통해, 모리스는 각종 사업체나 정부 단체들을 도움으로써 이들로 하여금 효과적으로 부를 산출하여 수많은 이들의 삶을 개선시키기 위한 계획을 수립하도록 돕는다.

현대판 요셉인 모리스 루딕은 일터에서 하나님 나라를 대변하러 나서는 오늘날의 모든 요셉들을 격려하고 있다. 모리스는 "요셉"을 이러한 사람으로 소개한다.

- 하나님의 음성을 듣고 영적으로 그분과 조화를 이룬다
- 하나님의 은총을 입은 자로 인정받는다
- 담대히, 정직하게, 그리고 두려움이나 망설임 없이 진리를 말한다
- 분명한 인생관을 지니며 하나님의 관점에서 처신한다

- 인위적인 전통에 얽매이지 않고 창의적으로, 혁신적으로 생각한다
- 시대를 분별한다
- 겸손하게 섬기는 지도자이다
- 개인적인 필요와 욕구에 앞서 하나님의 소명에 순종한다
- 가망성이 없어 보이는 상황에서도 전략적인 협력 관계를 기대한다
- 주님의 임재를 경험하는 시간을 많이 할애한다
- 종교적 은둔처에서가 아니라 세상 속에 들어가서 사역한다
- 재계나 사업계 또는 정부에 선한 영향력을 미친다
- 고통스런 요셉 구덩이 경험을 통한 준비 과정을 겪는다

모리스 루딕은 하나님께 과감히 순종하며 자신의 요셉 소명을 완수한다. 또한 그는 다른 신자들도 그들 각자의 요셉 소명을 발견하여 완수할 수 있도록 격려한다. 그는 나뿐 아니라 이 세상에서 하나님 나라가 이루어지길 바라는 수많은 신자들에게 멘토 역할을 톡톡히 하고 있다.

꿈과 현실

종종 고난은 아무 의미도 없는 것처럼 보인다. 하지만 고난의 시기는 하나님이 우리의 삶을 위한 계획을 실현시키시고자 배후에서 활동하시는 때이다. 이 진리는 에스더와 모르드개 이야기에서 잘 나타난다.

이 이야기는 현대의 이란에 해당하는 바사의 왕궁에서 시작된다. 당

시 바사 제국은 아프리카로부터 인도에까지 펼쳐졌으며, '아하수에로'로도 알려진 크세르크세스 왕에 의해 통치되었다. 크세르크세스 왕이 화가 나서 와스디 왕비를 내쫓은 후에, 에스더라고 하는 젊고 아리따운 유대인 여성을 새 왕후로 간택했다.

일찍이 고아가 되었던 에스더는 사촌 오빠 모르드개에 의해 양육되었다. 모르드개는 왕의 조언자였다. 바사인들이 유대인들을 미워했던 까닭에, 모르드개는 유대인 혈통을 밝히지 말라고 에스더에게 당부한다.

안타깝게도, 모르드개는 바사의 거만한 총리대신 하만과 원수지간이 되었다. 하만은 모르드개를 직접 제거하고 모르드개의 동족인 유대인들을 전멸시키기로 결심했다. 그래서 크세르크세스를 설득시켜 유대인 멸절을 지시하는 조서를 내리게 했고, 모르드개를 처형시킬 기다란 교수대를 세웠다.(그때까지만 해도, 하만이나 크세르크세스 왕은 왕후 에스더가 유대인 줄 몰랐다.)

하만의 음모를 알아차린 모르드개는 왕후 에스더더러 왕에게 가서 유대 민족을 위해 간청할 것을 재촉했다. 바사의 법에 의하면, 왕의 부름을 받지 않은 자는 누구도 왕에게 나아갈 수 없었다. 왕후 역시 예외가 아니었다. 만일 에스더가 왕에게 나아갔다가 왕의 미움을 사면, 왕은 얼마든지 그녀를 처형할 수도 있었다. 그럼에도 불구하고 왕후 에스더는 모험을 감행하기로 하고서, "규례를 어기고 왕에게 나아가리니 죽으면 죽으리이다"(에 4:16)라고 말한다.

두려움에 떨면서 에스더는 왕에게로 나아간다. 다행히도, 왕이 그녀를 반기면서 그녀의 간청이 무엇이든, 제국의 절반을 달라고 해도 들어 주겠노라 약속한다. 결국 왕은 유대 민족을 보호하는 조서를 내리고는 그 교수대에 하만을 매단다. 마침내 유대인들은 구원 받고 모르드개는 바사 제국의 2인자가 된다.

이 이야기는 몇 가지 흥미로운 면들을 보여 준다. 첫째, 에스더서 어디에도 하나님이 언급되거나 심지어 암시되지도 않는다. 이상하지 않은가? 그러나 하나님의 보이지 않는 손길은 어디에나 있으며, 사건들을 통제하고 에스더와 모르드개와 유대인들을 보호한다. 에스더로 하여금 목숨을 걸고 나서도록 재촉할 때 모르드개는 하나님의 보이지 않는 손길을 넌지시 암시한다. "네가 왕후의 자리를 얻은 것이 이때를 위함이 아닌지 누가 알겠느냐"(14절). 비록 하나님의 이름을 직접 언급하지는 않지만, 모르드개는 역사의 이면에서 작용하는 신령한 목적을 분명히 믿고 있다.

하나님의 이름이 언급되지 않는 책을 성경에 포함시키신 데는 이유가 있을 것이다. 하나님은 심지어 그분이 침묵하며 보이지 않을 때조차도, 그의 보이지 않는 손이 우리와 함께하며 사건들을 통제하고 또한 우리를 지킨다는 것을 우리가 알기를 원하신다. 하나님이 우리를 잊으셨고 우리를 보살피지 않으시는 듯할 때가 있다. 하지만 그때에도 하나님은 늘 우리 삶 속에서 역사하고 계시며, 하늘이나 땅의 그 어떤 세력도 그분의 계획을 망가뜨리지 못한다.

이 이야기의 두 번째 흥미로운 측면은, 에스더와 모르드개에 관한 이야기와 요셉 소명 간에 유사점이 많다는 것이다. 에스더와 모르드개는 요셉 같은 역할을 수행했다. 둘 다 유대 민족을 구하기 위해 죽음에 직면한 것이다. 그리고 둘 모두는 왕 다음으로 높은 지위를 얻었다. 곧 에스더는 왕의 총애를 받는 왕후의 지위를 얻었고, 모르드개는 정치적 2인자의 지위를 얻었다.

세 번째 흥미로운 측면은 에스더와 모르드개의 삶에서 드러나는 순종의 역할이다. 에스더와 모르드개는 하나님의 개입을 이끌어 내기 위해 죽음마저 각오한 채 순종해야 했다. 그들은 요셉 소명을 과감히 완수해야 했다. 그들이 이 모든 것을 감수하고 나섰을 때에야 비로소 하나님은 구원의 이적을 베푸셨다.

우리의 삶은 하나님이 허용하시는 사건과 경험들에 의해 형성되며, 우리의 반응에 의해 그 특성이 드러난다. 하나님께 순종하여 그분을 위해 큰일을 과감히 시도할 것인가? 아니면 하나님이 정하신 길을 거부하며 두려움 속에서 움츠러들 것인가?

역경은 축복에 이르는 필요조건

우리가 산꼭대기에 도착하기 전까지는 삶의 골짜기들에서 하나님이 무슨 일을 하고 계시는지 보지 못하는 경우가 종종 있다. 아골 골짜기, 곤경의 골짜기를 되돌아볼 때에야 비로소 우리는 하나님이 우리를 어디로 그리고 왜 지나게 하셨는지를 이해할 수 있다. 덴마크의 철학자 키에

르케고르가 1843년에 기록하기를, "삶이란 과거를 통해서만 이해될 수 있을지라도 미래를 향해 사는 것이어야 한다"라고 썼다.

1994년 3월에 전처가 결혼 생활을 끝내고 싶다고 말했을 때 나의 아골 골짜기가 시작되었다. 그로부터 7년 후, 나는 아골 골짜기를 걸어 나와 소망의 문을 통과했다. 내가 잃은 모든 것을 하나님이 회복시키셨다. 요셉 구덩이 기간 동안 끈질기게 보존했던 일부 재산이 팔리게 함으로써 하나님은 나의 재정을 회복시키셨다. 그로 인해 나는 모든 채무를 청산했다. 또한 하나님은 내 딸과의 관계를 회복시키셨다. 현재, 딸은 나름대로 굳건한 기독교 지도자로서 활동하고 있다.

1998년에는 하나님이 앤지를 만나게 해 주셨다. 우리는 9개월 후에 결혼했다. 앤지의 사랑과 이해심을 통해, 하나님은 내 삶을 많이 치료해 주셨다.

역경은 정확히 7년간 지속되었다. 나는 하나님이 이 7년간의 시련기를 통해 내게 메시지를 주셨다고 믿는다. 하나님은 나를 위해 계획하신 사역을 준비시키려고 나의 인생에서 7년을 따로 챙기셨다. 그 7년 동안에는 더 이상 살고 싶지 않을 때도 있었다. 그러나 나는, "오스야, 나를 신뢰하거라. 내가 네게 이 고통을 허용하는 건 단지 너를 괴롭게 하기 위함이 아니다. 때가 되면 네가 이해할 것이니라"고 하시는 하나님의 음성을 감지할 수 있었다.

이 역경을 통해, 하나님은 내 삶 속에 새로운 소명을 일으키셨다. 그 소명은 '일터에서의 신앙' 운동을 주도하는 역할, 강연 사역과 저술 사역 등을 포함한다. 예전에는 이런 일들을 전혀 예견하지 못했다. 나는 25개국을 다니면서 수십만의 사람들 앞에서 이 소망의 메시지를 전하고 있다. 아골 골짜기가 오늘날의 나를 만들었다. 예전 같았으면 하나님이 지금처럼 나를 사용하진 못하셨을 것이다.

가시의 축복

역경은 사도 바울을 역사상 가장 위대한 '그리스도의 전사'로 만들었다. 하지만 역경으로 인해 이 억센 전사가 곤혹스러워 할 때도 있었다. 디모데후서의 마지막 부분에서 우리는 바울의 고통과 실망감을 엿볼 수 있다.

> 너는 어서 속히 내게로 오라 데마는 이 세상을 사랑하여 나를 버리고 데살로니가로 갔고 그레스게는 갈라디아로, 디도는 달마디아로 갔고 누가만 나와 함께 있느니라 네가 올 때에 마가를 데리고 오라 그가 나의 일에 유익하니라 …구리 세공업자 알렉산더가 내게 해를 많이 입혔으매 주께서 그 행한 대로 그에게 갚으시리니 …내가 처음 변명할 때에 나와 함께한 자가 하나도 없고 다 나를 버렸으나 그들에게 허물을 돌리지 않기를 원하노라 …너는 겨울 전에 어서 오라(딤후 4:9-11,14,16,21).

이 내용 속에서 고통의 신음소리가 들려 오는가? 바울은 두 차례에 걸쳐 디모데더러 속히 오라고 재촉한다. "너는 어서 속히 내게로 오라", "너는 겨울 전에 어서 오라." 친구들에게서 버림받은 사실을 두 차례나 언급한 데서 바울의 고뇌가 느껴지는가?

대부분의 편지에서, 바울은 불굴의 정신을 지닌 담대한 인물로 보인다. 하지만 그는 괴로워하고 배신감을 느끼는 사람이었으며 때로는 매우 고독해 했다. 그러나 바울은 자신의 삶을 천상적인 관점에서 보는 편을 택했다. 다음과 같이 쓸 수 있었던 것도 바로 그 때문이다.

> 우리가 사방으로 우겨쌈을 당하여도 싸이지 아니하며 답답한 일을 당하여도 낙심하지 아니하며 박해를 받아도 버린 바 되지 아니하며 거꾸러뜨림을 당하여도 망하지 아니하고 우리가 항상 예수의 죽음을 몸에 짊어짐은 예수의 생명이 또한 우리 몸에 나타나게 하려 함이라(고후 4:8-10).

바울은 상상하기조차 힘든 핍박과 고난을 겪었다. 하지만 그는 낙심치 않았으며 절망에 빠지길 거부했다. 그는 자신의 삶을 지속적인 죽음의 과정으로 보았다. 역경에 대한 반응을 통해 예수님의 생명이 드러나는 삶을 사는 것이 그의 목표였다.

또한 바울은 "육체 속의 가시"라고 스스로 지칭했던, 지속적인 고통을 겪었다. 성경학자들은 이 가시가 무엇인지에 대해 연구해 왔지만, 확실한 대답을 제시하는 사람은 없다. 우리가 아는 건, 그것이 바울에게 너무나 고통스러웠던 까닭에 그를 제거해 달라고 세 차례나 하나님께 간구했다는 사실이다.

> 여러 계시를 받은 것이 지극히 크므로 너무 자만하지 않게 하시려고 내 육체에 가시 곧 사탄의 사자를 주셨으니 이는 나를 쳐서 너무 자만하지 않게 하려 하심이라 이것이 내게서 떠나가게 하기 위하여 내가 세 번 주께 간구하였더니 나에게 이르시기를 내 은혜가 네게 족하도다 이는 내 능력이 약한 데서 온전하여짐이라 하신지라 그러므로 도리어 크게 기뻐함으로 나의 여러 약한 것들에 대하여 자랑하리니 이는 그리스도의 능력이 내게 머물게 하려 함이라 그러므로 내가 그리스도를 위하여 약한 것들과 능욕과 궁핍과 박해와 곤고를 기뻐하노니 이는 내가 약한 그때에 강함이라 (고후 12:7-10).

바울은 위대한 소명을 지닌 사람이었다. 하나님이 그에게 주신 계시와 신앙 경험들은 너무 많아서 그 어떤 사람이라도 겸손해지기 힘들 정도였다. 그래서 하나님은 바울에게 투자하신 당신의 사업을 공고히 하시고자 그의 육체에 가시를 주셔서 그로 하여금 겸손하고 경건한 시각을 유지하도록 도우셨다. 활짝 핀 장미꽃은 아름답지만, 장미의 가시는 고통을 가져다준다. 가시는 우리를 상하게 하고 겸손하게 만든다. 이 겸손이 바로 가시의 축복이다.

소명을 실현하라

1995년의 어느 날 나는 래리 버켓과 점심식사를 함께 했다. 2003년에 작고한 래리는 하나님의 방식으로 돈을 관리하는 법을 사람들에게 가르치는 일에 자기 생애의 많은 부분을 할애했다. 그는 70권 이상의 책을 썼으며, 그의 라디오 프로그램은 1,000개 이상의 방송국에서 방송되었다.

래리를 만났을 때, 나는 요셉 구덩이에 빠진 지 2년째였다. 래리와 나는 전국적으로 대두하고 있던 '신앙과 일'에 관한 새로운 사역 동향에 관해 얘기를 나누었다. 그는 그 동향에 대해 자각하지 못하고 있었지만, 이 사역을 토론회 형식으로 진행할 수 있겠는지를 내게 물었다.

나는 모임을 만들기로 동의했다. 뒤이어 나는 비교적 큰 단체의 리더들에게 팩스를 보냈다. 많은 이들이 긍정적인 반응을 보였다. 그리고 특이한 일이 뒤따랐다. 내가 연락하지 않았던 단체들로부터도 요청이 들어오기 시작한 것이다. 그들 모두 대표를 파견하길 원했다. 애틀랜타에서 직장 리더들의 수뇌 회의가 열렸을 때에는 총 45개 단체에서 54명이 참석했다. 애당초 래리 버켓도 참석할 계획이었지만, 마지막 순간에 스케줄 조정이 잘못되어 불참했다. 그래서 내가 그 모임을 주최했다.

이 협의회는 두 가지 특징적인 사역의 모태가 되었다. 그중 하나는 '경제계 리더들'이다. 이것은 직장인들로 하여금 직장 생활에서 각자의 소명을 실현할 수 있도록 돕는 사역체이다. 다른 하나는 '일터사역 국제연합'이다. 이는 일터의 신자들, 일터의 사역자들, 목회자들, 그리고 교회 리더들 간의 협력 체제를 구축함으로써 '신앙과 일'에 관한 비전을 나누게 하기 위한 단체이다. 우리는 비전과 열정을 가지고서 이 사역들을 시작했지만, 자금이 몹시 부족한 상황이었다. 설립 초기에는 매달 필요한 자금을 공급해 주시는 하나님의 도우심으로 인해 계속 추진해 나가는 형편이었다.

1998년에 키프로스로부터 돌아오는 비행기 안에서, 나는 군나르 올슨 옆에 앉았다. 대화를 나누던 중 그는 내게 솔직하게 말했다. "지난 몇 년 동안 나는 당신을 지켜보았고, 우리의 임원들에게도 당신에 관한 얘기를 자주 합니다. 나는 당신이 마치 태어나길 기다리는 화려한 색깔의 나비를 상기시킨다고 말했죠. 당신이 겪고 있는 역경은, 고치를 뚫고 나오려는 나비의 투쟁과 같습니다. 하나님이 당신의 삶 속에서 해 오고 계신 일은 고통스럽지만 필수적이에요. 나는 당신의 고투 과정을 지켜보고 있어요. 당장이라도 고치 뚫는 일을 도와주고 싶지만, 그렇게 하면 나비는 죽어 버리죠. 그 힘든 싸움은 하나님의 택하심을 받은 리더가 되기 위한 준비 과정입니다."

군나르의 말이 옳았다. 우리의 믿음이 강해지려면 고투가 필요하다. 고투 과정에서 나는 하나님이 내게 꼭 필요한 것을 어떤 신자를 통해 제공해 주시는 것을 드물게 경험했지만, 그때에도 필요 이상의 도움은 전혀 받지 못했다. 그때마다의 필요가 늘 충족되었지만, 나의 고치를 찢거나 모든 문제를 해결해 주는 사람은 아무도 없었다. 내게 더도 덜도 아닌 7년간의 준비 기간이 필요하다는 것을 하나님은 알고 계셨다.

내가 고치에서 탈출한 이후로, 하나님은 나와 유사한 고투를 벌이는 사람들에게 나를 보내셨다. 예컨대 최근에 나는 이발하러 어느 미용실에 들어갔다. 그 가게에 간 것은 그때가 두 번째였다. 미용사와는 예전에 한 번 만났을 뿐이었다.

나는 미용실에 들어서면서 "안녕하세요, 게일. 오늘은 좀 어때요?" 하고 말했다. 그 다음에 일어난 일은 무척 의외였다. 나를 바라보는 그녀의 눈에 깊은 슬픔이 어려 있었던 것이다. 그녀는 곧바로 내게로 다가오더니 내 어깨에다 머리를 기대고서 흐느끼기 시작했다.

"게일! 무슨 일 있어요?" 하고 내가 물었다.

다음 몇 분 동안, 게일은 자신의 이야기를 털어놓았다. 폭력적인 남편이 심각한 마약 중독에 빠짐으로써 결혼 생활에 위기가 닥쳤다는 것이다. 게일이 얘기하는 동안, 다른 고객들은 의자에 조용히 앉아 있었다. 마침내 게일의 눈물이 멈추었고, 그녀와 나는 함께 기도했다.

머리를 다듬을 때마다 나는 게일과 얘기를 나누었지만, 그녀의 입에서 남편에 대한 비난 이외의 말이 나온 것은 몇 달이 지나서였다. 그 다음 몇 주에 걸쳐, 나는 게일에 관해 더 많이 알게 되었다. 그녀는 여러 해 동안 교회에 출석했었지만, 하나님과 동행하지는 않았다.

적절한 때에 게일은 기도 모임에 참석하기 시작했다. 몇몇 그리스도인 여성들이 그녀의 영적 멘토가 되었고, 성경 공부와 기도를 통해 영적 기초를 다지도록 그녀를 도와주었다. 그녀는 지긋지긋한 결혼 생활에서 벗어났으며, 자신의 삶을 예수 그리스도께 다시 의탁했다. 또한 세례를 받기도 했다.

게일의 삶이 극적으로 변한 것은 하나님이 나를 그녀에게 보내셨기 때문이다. 그녀가 더 이상 고통을 참을 수 없어 누군가에게 털어놓아야 할 바로 그 시점에 내가 그 미용실로 들어갔다. 모두 내가 한 일이 아니라, 자비로우신 하나님이 나를 통해 하신 일이었다.

여전히 나는 이발하러 게일의 가게로 가며, 거기 갈 때마다 그녀의 삶 속에서 하나님이 하시는 놀라운 일들에 대해 듣는다. 그녀는 자신의 목표에 도달하기 위해 그리고 전심으로 하나님을 찾기 위해 아골 골짜기(곤경의 골짜기)를 통과해야 했다. 이제 그녀는 하나님이 그녀에게 요셉 소명을 주셨음을 알고 있다. 그녀는 여전히 미용실에서 일하지만, 단지 미용일만을 하는 것이 아니다. 게일은 다른 사람들에게 복음을 증거하며, 그 미용실을 하나님 나라를 위한 도구로 활용한다.

지금은 하나님 나라의 중대한 수확기이다. 하나님이 일꾼들을 사무실 빌딩으로, 고급 주택가로, 은행으로, 가게로, 상점으로, 공업 단지로, 공장으로, 각종 재단으로, 미디어 센터로, 쇼핑센터로, 그리고 스튜디오로 보내신다. 이곳들은 사람들이 깨어 있는 시간의 70%를 보내는 장소이다. 그분은 사람들의 삶을 뒤흔드시며, 그들로 하여금 아골 골짜기를 지나게 하신다. 그곳에서 그분은 그들의 인격을 재형성하고 그들의 생각을 변화시키신다.

당신의 아골 골짜기가 앞에 놓여 있는가? 만일 그렇다면, 두려워하지 말고 포용하라. 하나님은 신실하시며 결코 당신을 방치하시지 않을 것이다.

지금 아골 골짜기를 지나고 있는가? 하나님이 곁에 계신다. 그분의 완벽한 타이밍에 따라, 당신의 골짜기가 지금은 상상도 못할 사역으로 이끄는 관문이 될 것이다.

이미 아골 골짜기를 통과했는가? 지금 산꼭대기로 올라가고 있는가? 그렇다면 멈추지 말라. 당신의 소명을 과감하게 완수하라. 당신을 위해 하나님이 계획하신 모험을 과감히 시도하라.

지금까지는 당신에게 허락된 요셉 소명을 이룰 준비 과정에 불과했다. 복된 미래로 향한 길이 당신 발 앞에 열려 있다. 일생 동안의 모험이 눈앞에 펼쳐져 있는 것이다.

부디 성공하기를!

깊은 영성을 위한 질문들

01. 모리스 루딕에 의하면, 현대의 요셉은 다음과 같은 사람이다.

- 하나님의 음성을 듣고 영적으로 그분과 조화를 이룬다
- 하나님의 은총을 입은 자로 인정받는다
- 담대히, 정직하게, 그리고 두려움이나 망설임 없이 진리를 말한다
- 분명한 인생관을 지니며 하나님의 관점에서 처신한다
- 인위적인 전통에 얽매이지 않고 창의적으로, 혁신적으로 생각한다
- 시대를 분별한다
- 겸손하게 섬기는 지도자이다
- 개인적인 필요와 욕구에 앞서 하나님의 소명에 순종한다
- 가망성이 없어 보이는 상황에서도 전략적인 협력 관계를 기대한다
- 주님의 임재를 경험하는 시간을 많이 할애한다
- 종교적 은둔처에서가 아니라 세상 속에 들어가서 사역한다
- 재계나 사업계 또는 정부에 선한 영향력을 미친다
- 고통스런 요셉 구덩이 경험을 통한 준비 과정을 겪는다

당신에게 해당하는 특성을 체크하라. 그 다음, 체크하지 않은 특성들에 대해 생각해 보라. 이 특성들을 갖추게 해 달라고 하나님께 간구하고 있는가? 당신은 하나님이 이 특성들을 당신의 삶 속에서 드러내려 하신다고 느끼는가?

02. 과거에 통과했던 시험이나 고난을, 특히 당시에는 무의미하게 여겨졌던 시련을 생각해 보라. 당신에게 닥쳤던 시련이 어떤 식으로든 당신을 변화시키거나 준비시키는 데 도움을 주었는가?

03. 그리스도인으로서의 삶에 있어 패러다임의 변화를 경험한 적이 있는가? 당신의 옛 패러다임을 묘사해 보라. 그리고 당신의 새 패러다임을 묘사해 보라. 이 같은 사고 변화를 일으킨 것은 무엇인가?

04. 아골 골짜기를 통과한 적이 있는가? 지금 골짜기 속에 있는가? 만일 아골 골짜기를 피하거나 모면할 수 있다면, 그렇게 하겠는가?

05. 당신의 육체에 가시가 있는가? 그것이 사라지지 않는 이유가 무엇이라고 생각하는가? 만일 예수께서 지금 당신 앞에 서 계시다면, 당신의 가시에 대해 그분께 무슨 말씀을 고하겠는가?

요약

다음 내용을 꼭 기억하라.

- 하나님은 어떤 지도자들을 요셉처럼 부르셔서 그들을 통해 엄청난 일을 이루시고자 엄청난 역경을 경험하게 하신다.

- 요셉의 꿈은 실현되기 전에 먼저 짓밟혀야 했다.

- 리더십으로 연결된 길은 거의 항상 역경의 골짜기를 포함한다.

- 하나님은 현재의 상황보다는 미래의 잠재성에 더 많은 관심을 기울이신다.

- 종종 하나님은 우리 자신의 한계에서 벗어나 당신의 무한한 능력을 볼 수 있도록 하시고자 우리를 역경으로 이끄신다. 소명이 크고 높을수록 역경도 더욱 심하다.

- 우리의 삶 속에 악감정의 뿌리가 있다면, 하나님이 우리를 높이시지 않을 것이다.

- 유다 시험은 우리 자신에 관한 진실을 드러내기 위해 고안된, 수준급의 신앙 코스이다. 과연 우리는 자신의 삶 속에서 만나는 유다들을 용서하기에 충분할 정도로 하나님을 기꺼이 신뢰하는가?

- 사탄은 늘 우리를 유혹할 것이다.

- 종종 하나님은 우리에게 어떤 사역을 맡기신 후에 그 목표를 달성하려는 우리의 노력을 일부러 훼방하신다. 역설적이지만 사실이다.

- 때로 하나님은 우리의 체계로부터 애굽을 제거하시고자 우리를 광야로 이끄셔야 한다.

- 하나님의 소명에 순종한다고 해서 곧바로 하나님의 축복과 공급하심이 늘 뒤따르는 건 아니다.

- 우리의 심령 속에서 행하시는 하나님의 일을 재촉하려는 건 그릇된 시도이다.

- 인내는 모든 위대한 성취의 비결이다. 지속적인 가치를 지닌 것들 중에 역경 없이 성취된 것은 하나도 없다.

- 당신의 시련이 언제 끝날지에 대해 어찌 말할 수 있겠는가? 그것이 더 이상 문제시되지 않을 때가 언제인가?

- 악과 고난과 죽음은 첫 남자와 여자가 사탄의 말을 듣고 첫 번째 죄를 범했을 때 세상으로 들어왔다.

- 순종은 역경을 방지하는 보험으로 간주될 수 없다. 우리에게 주어지는 모든 축복은 하나님의 은혜의 선물이다.

- 우리의 고통을 넘어서는 최선의 방법은 우리 자신에게서 벗어나 다른 사람들에게 초점을 맞추는 것이다.

- 때로 우리의 삶에 끼어드는 역경은 죄에 따른 직접적인 결과이다.

- 종종 우리는 위기에 직면해서야 비로소 자신을 점검한다.

- 만일 당신이 진정으로 성공을 바란다면, 실패로부터 배울 수 있는 모든 것을 배우라.

- 하나님이 우리를 시험하시는 까닭은 당신이 아직 모르는 어떤 것을 알아내시기 위함이 아니다. 그가 우리를 시험하시는 이유는 우리로 하여금 우리 자신과 그분의 사랑과 능력과 신실하심에 대해 알도록 하시기 위함이다.

- 하나님은 실패를 성공을 위한 준비 과정으로 보신다.

- 우리의 삶은 하나님이 허용하시는 사건들과 경험들에 의해 형성되며, 우리의 반응 방식에 의해 그 특성이 드러난다.

"하나님은 곤고한 자를 그 곤고에서 구원하시며 학대 당할 즈음에 그의 귀를 여시나니" (욥 36:15).

주

|1부|

3장

1. "Today God Is First"의 무료 구독을 원한다면 http://www.market placeleaders.org/를 방문해 "Subscribe to TGIF Daily Emails"를 클릭하라.
2. Oswald Chambers, Not Knowing Where (Grand Rapids, MI: Discovery House Publishers, 1957), p.83.
3. 상동.
4. Oswald Chambers, My Utmost for His Highest: An Updated Edition in Today's Language, James Reimann 편저 (Grand Rapids, MI: Discovery House Publishers, 1992), 2월 14일.
5. F. B. Meyer, The Life of Joseph (Lynbwood, WA: Emerald Books, 1995), p.45.
6. Austin Pryor, "Trusting God to Answer Our Prayer", Crosswalk.com.에서 인용된 "Prayer of an Unknown Soldier".
   http://www.crosswalk.com/family/finances/1386973.html(2006년 4월 24일).

4장

1. Bruce Wilkinson, Ian Hodge가, "How Your Dreams Can Become Your Life's Work" (Business Reform, 2006년 12월)에서 인용.
   http://www.businessreform.com/article.php?articleID=11672.

| 2부 |

5장

1. Charles Haddon Spurgeon, Morning and Evening(New Kensington, PA: Whitaker House, 2001).

6장

1. John Eldredge, Wild at Heart: Discovering the Secret of a Man's Soul(Nashville, TN: Nelson Book, 2001), n.p.
2. Bruce Wilkinson, Experiencing Spiritual Breakthroughs(Sisters, OR: Multnomah, 1999), p.111.
3. 상동.

7장

1. Civilla D. Martin, "God Will Take Care of You," Songs of Redemption and Praise(1905)에 가장 먼저 실림.
http://www.cyberhymnal.org/htm/g/w/gwiltake.htm(2006년 4월).
2. Irving Stone, Pat Williams과 Jim Denney, Go for the Magic(Nashville, TN: Thomas Nelson, 1995), pp. 175-176에서 인용.

8장

1. R. T. Kendall, A Treasury of Wisdom Journal(Uhrichsville, OH: Barbour and Company, 1996), 1월 16일.

2. Rick Warren, The Purpose-Driven Life(Grand Rapids, MI: Zondervan Publishing House, 2002), p. 148.

| 3부 |

9장

1. Oswald Chambers, My Utmost for His Highest: An Updated Edition in Today's Language, James Reimann 편집(Grand Rapids, MI: Discovery House Publishers, 1992), 1월 19일.

2. Billy Graham, Answers to Life's Problems(Nashville, TN: Word Publishing, 1988), pp. 251-252.

3. Bill Johnson, When Heaven Invades Earth(Shippensburg, PA: Destiny Image Publishers, 2003), p. 31.

10장

1. C. S. Lewis, The Problem of Pain(San Francisco: HarperSanFrancisco, 2001), n.p.

11장

1. Francis Frangipane, The Three Battlegrouds(Cedar Rapids, LA: Arrow Publications, 1989), pp. 71-72.

2. 영적 요새들에 관한 서적들 중에서 내가 추천하고 싶은 것들은, Neil Anderson의 Victory Over the Darkness(Regal Books, 2000)와 The

Bondage Breaker(Harvest House, 2000)이다. 또한 Steps to Freedom in Christ(Regal Books, 2004)도 읽어 보기 바란다. 이것은 Neil Anderson이 쓴 소책자로서, 당신의 삶 속에 자리 잡은 요새들을 규정하고 무너뜨리도록 도와줄 것이다. 그리고 Demolishing Strongholds (Restoration Ministries, 1995)은 Mike와 Sue Dowgiewicz가 영적 요새들을 허물어뜨리기 위해 지은 실용적인 책자이다. (www.marketplaceleaders.org 참조)

| 4부 |

12장

1. Hannah Hurnard, Hinds' Feet on High Places(Wheaton, IL: Tyndale Publishing House, 1986), pp. 121-122.

13장

1. Francis Frangipane, The Three Battlegrounds(Cedar Rapids, IA: Arrow Publications, 1989), p.71-72.

14장

1. Morris E. Ruddick, God's Economy, Israel and the Nations(Longwood, FL: Xulon Press, 2004), p.18.

사명선언문

너희가 흠이 없고 순전하여……세상에서 그들 가운데 빛들로
나타내며 생명의 말씀을 밝혀 _ 빌 2:15-16

1. 생명을 담겠습니다
만드는 책에 주님 주신 생명을 담겠습니다.
그 책으로 복음을 선포하겠습니다.

2. 말씀을 밝히겠습니다
생명의 근본은 말씀입니다.
말씀을 밝혀 성도와 교회의 성장을 돕겠습니다.

3. 빛이 되겠습니다
시대와 영혼의 어두움을 밝혀 주님 앞으로 이끄는
빛이 되는 책을 만들겠습니다.

4. 순전히 행하겠습니다
책을 만들고 전하는 일과 경영하는 일에 부끄러움이 없는
정직함으로 행하겠습니다.

5. 끝까지 전파하겠습니다
모든 사람에게, 땅 끝까지, 주님 오시는 그날까지
복음을 전하는 사명을 다하겠습니다.

서점 안내

광화문점	서울시 종로구 새문안로 69 구세군회관 1층 02)737-2288 / 02)737-4623(F)
강남점	서울시 서초구 신반포로 177 반포쇼핑타운 3동 2층 02)595-1211 / 02)595-3549(F)
구로점	서울시 동작구 시흥대로 602, 3층 302호 02)858-8744 / 02)838-0653(F)
노원점	서울시 노원구 동일로 1366 삼봉빌딩 지하 1층 02)938-7979 / 02)3391-6169(F)
일산점	경기도 고양시 일산서구 중앙로 1391 레이크타운 지하 1층 031)916-8787 / 031)916-8788(F)
의정부점	경기도 의정부시 청사로47번길 12 성산타워 3층 031)845-0600 / 031)852-6930(F)
인터넷서점	www.lifebook.co.kr